세상의 통찰, 철학자들의 명언 500

세상의 통찰, 철학자들의 명언 500

마키아벨리에서 조조까지 이천년의 지혜 한 줄의 통찰

500 FAMOUS SAYINGS
of
PHILOSOPHERS

인문학자 김태현 펴냄

프롤로그

"How many a man has dated a new era in his life from the reading of a wise saying."
"한 줄의 명언을 읽음으로써 자신의 삶에서 새 시대를 본 사람이 너무나 많다."

현대 사회에는 유명한 철학자들의 이름이 널리 알려져 거의 상식처럼 자리 잡고 있는 것도 사실입니다. 그리고 사람들은 꼭 복잡하고 어려운 질문을 접했을 때 철학적이다 라는 말을 덧붙이기도 합니다. 바쁘게 삶을 살아가는 오늘날의 현대인에게 철학이란 무엇입니까? 그저 추상적이고 지난하게 느껴지는, 현실과 동떨어진 질문들에 불과한 것입니까?

수천 년 전부터 흘러온 철학의 역사는 오로지 한 질문에서 시작됩니다. 바로 "인간은 어떻게 살아가야 하는가?" 라는 질문입니다. 이런 고뇌와 사색의 시간 없이 단순하게 살아간다면 그것은 인간으로서 누릴 수 있는 행복을 포기하는 것과 마찬가지입니다.

또한 21세기 이후의 우리 삶은 4차 산업혁명에 이은 인공지능의 출현 등으로 인간의 본연의 가치가 위협받는 시기가 곧 올 것입니다. 인공지능에 대체되지 않으려면 인간 고유의 정신활동인 통찰의 힘, 사색의 능력을 키워야 합니다. 그러한 능력을 키우는 데 수천 년간 이어온 철학자들의 생각들이 답이 될 수 있을 것입니다.

이미 지금까지 수많은 사상가들이 보석과 같은 명언을 남겼습니다. 이 책을 통해 숨 가쁘게 돌아가는 현실 속에서 잃어버린 생각을 다시 일깨워드리고 새로운 세상을 살아가기 위한 통찰의 예지력을 드리겠습니다.

프롤로그 · 4

제1장 삶과 처세에 대한 통찰
— 마키아벨리, 세네카, 카네기, 쇼펜하우어, 파스칼

배신하는 인간: 마키아벨리 · 14

인간을 탐구하다 · 15 마키아벨리의 운명론 · 17 군주로서 관계를 이끌어가기 · 19 경계하고, 주의하고, 명심해야 할 것들 · 21 배신하는 인간 · 23

인생론 속 지혜 탐구: 세네카 · 26

세네카의 인생론 · 27 자아와 자신감 찾기 · 28 인간관계와 자본 · 29 더 나은 인간이 되기 위한 비판과 조언 · 31

21세기 인간관계론: 카네기 · 34

행복은 가까이에 있다 · 35 끊임없는 도전, 그리고 희망 · 37 비난은 독이다 · 40 21세기 인간관계론 · 41 카네기의 인생 성공 명언 · 44

세상을 보는 지혜: 쇼펜하우어 · 48

올곧은 자신감을 가진 자 · 49 고뇌하는 염세주의자 · 51 쇼펜하우어가 남긴 지혜의 명언 · 53 자기 자신으로 홀로 서기 · 55 실패해도 끝나지 않는다 · 58 비교는 불행의 씨앗이 된다 · 60

인간의 본질적인 특성: 파스칼 · 63

우정, 사람을 대하는 태도 · 64 참된 현자의 길 · 67 함정에 빠지지 않는 법 · 69

제2장 사유하는 인간에 대하여

―니체, 알베르 카뮈, 프로이트, 스피노자, 아우렐리우스

인간적인 너무나 인간적인: 니체 · 74

신은 죽었다, 인간을 해방하라 · 75 발상의 전환 · 76 끊임없이 의심하며 살아라 · 79 더 높은 곳을 향해 나아가기 · 80

반항하는 인간: 알베르 카뮈 · 83

온 힘을 다해 살아내다 · 84　경험이 행복을 부른다 · 86　카뮈가 말하는 자유와 죽음 · 88　한없이 작은 인간의 깨달음 · 90

꿈과 무의식의 사유: 프로이트 · 92

인간의 본능과 감정, 그리고 욕망 · 93　의미 있는 인생과 사랑 · 96　인간 본성을 파악하고 무리를 이끌다 · 99

삶을 긍정하는 자세: 스피노자 · 103

진정한 자유가 행복을 준다 · 104　오만함을 버려라 · 105
이성적인 삶의 지혜 · 108

황제의 철학: 아우렐리우스 · 110

강한 정신을 가진 자, 행복을 누린다 · 111　타인과 감정을 대하는 자세 · 113　황제의 잠언 · 116

제3장 대문호들이 던지는 철학적 교훈
－괴테, 생텍쥐페리, 사르트르, 톨스토이, 칼릴 지브란

시대의 대문호가 말한다: 괴테 · 120

현재에 대한 열정을 가져라 · 121 동기 부여가 부족할 때 · 124
지혜롭게 사람을 대하는 법 · 127 사랑이 곧 인생이다 · 130

삶의 낭만을 위해: 생텍쥐페리 · 132

사랑과 관계가 삶을 만든다 · 133 마음의 눈으로 보는 세상 · 135 인생의 진실은 가까운 곳에 있다 · 137

실존하는 고통에 대해: 사르트르 · 140

불안과 허무를 받아들이다 · 141 더 나은 사회를 위해 · 142
삶이 곧 인생이다 · 143 절망을 딛고 일어서다 · 145

인간 내면의 본질: 톨스토이 · 148

성품은 스스로 갈고 닦는 것 · 149 사랑보다 값진 것은 없다 · 152 개인의 태도가 관계를 좌우한다 · 154 행복을 향한 현명한 길 · 158

불굴의 예언자: 칼릴 지브란 · 161

자본과 노동에 대하여 · 162 좋은 리더이자 친구, 가족, 이웃 · 163 반면교사가 되는 사람들 · 165 스스로를 사랑하는 힘으로 나아가다 · 167

제4장 생각의 폭발을 이끈 동양의 철학자들
―조조, 루쉰, 한비자, 제자백가, 법정스님

용인술의 대가: 조조 · 172

'내 편'을 만드는 기술 · 173 뛰어난 리더의 인재상 · 175 높은 긍지와 자신감 · 176 공과 사를 나누는 생활의 지혜 · 178

중국의 강인한 사상가: 루쉰 · 180

듬직한 위로를 건네는 말 · 181 우리를 반성하게 하는 말 · 183 혁명, 사회를 바꾸는 말 · 185 젊은이에게 건네는 말 · 188

동양의 마키아벨리: 한비자 · **190**

냉정한 판단이 최선이다 · 191 사람을 다루는 기술 · 193 제왕학에서 배우는 비즈니스 · 195 세상의 이치는 혼자 깨닫는다 · 198

절망을 이겨내는 철학: 제자백가 · **201**

검소한 행복을 찾아 떠난 노자 · 202 규약의 엄격한 적용, 묵자 · 204 맹자가 말하는 인생의 방향 · 206 성선설, 인간의 윤리에 대해 · 209 공자가 강조한 교육의 중요함 · 213 군자가 되기 위한 노력 · 215

무소유와 참된 삶: 법정스님 · **217**

그가 말하는 무소유 · 218 베푸는 삶에서 행복을 찾아라 · 221 스스로 깨우쳐야 하는 것 · 223 흘러가는 시간을 소중히 · 225 인연을 바라보는 시선 · 227

마치며 · 230

제1장

삶과 처세에 대한 통찰

―마키아벨리, 세네카, 카네기, 쇼펜하우어, 파스칼

    삶이란 인간관계라는 틀 속에서 엮어가는 이야기입니다. 이 이야기의 완성을 위해서는 다양한 사람들이 등장하게 됩니다. 좋은 사람들만 있을 수도 없고, 나쁜 사람들만 있을 수도 없습니다. 인생이라는 한 편의 이야기는 혼자 써내려 갈 수 없습니다. 등장인물들과 '같이' 가야 '가치' 있는 이야기가 탄생합니다.

    흔히 말하는 '처세술'이란 사람과 더불어 살아가는 요령을 뜻합니다. 어떻게 해야 지혜롭게 인간관계를 꾸릴 수 있는지 철학자들의 명언을 통해 엿볼 수 있습니다.

배신하는 인간: 마키아벨리

Niccolò Machiavelli, 1469~1527

르네상스 시대의 이탈리아 사상가, 정치철학자인 니콜로 마키아벨리. 그는 레오나르도 다 빈치와 함께 르네상스인의 전형으로 알려져 있습니다. 그의 대표 저서 〈군주론〉으로 많이 알려져 있는 그의 정치 철학에는 '목적이 수단을 정당화한다.'는 말로 단순화할 수 없는 냉철한 정치적 관찰과 신중한 수사적 설득이 결합되어 있습니다.

그는 죽기 직전, 누더기를 걸친 이들과 천국에 있는 것보다 고귀한 영혼들과 국가사를 논하며 지옥에 있기를 바란다고 말할 만큼 정치를 사랑했고, 500년이 지난 지금에도 그의 〈군주론〉은 카리스마 리더십의 교본으로 남아 있습니다. 그의 어록들은 지도자의 강한 리더십이 성공을 거두고, 가능성이 기회로 변하는 때를 발견하고, 경쟁자에게 당하지 않을 통찰을 줄 것입니다.

인간을 탐구하다

마키아벨리는 정치적 집단을 이끄는 '군주'에 대해 말합니다. 그리고 현대 사회에서도 우리는 크고 작은 집단에 속해 있습니다. 인간관계에서 능숙하게 주도권을 잡기 위해서는 먼저 인간에 대해 알아가야 합니다. 마키아벨리는 특유의 냉철하고 날카로운 시선으로 인간을 관찰하고 탐구했습니다. 우리는 그의 냉철한 말을 통해 스스로를 돌아보고 실패하지 않는 인간관계를 만들 수 있습니다.

001   인간은 변덕스럽고, 위선적이며, 탐욕스러운 동물이다.
Of man kind we may say in general they are fickle, hypocritical, and greedy of gain.

002   인간은 두려움을 불러일으키는 자보다 사랑을 베푸는 자를 해칠 때에 덜 주저한다.
Man is less hesitant when he hurts the love-giving than the fear-raiser.

003   인간은 흔히 작은 새처럼 행동한다. 눈앞의 먹이에

만 정신이 팔려 머리 위에서 매나 독수리가 내리 덮치려고 하고 있는 것을 깨닫지 못하는 참새처럼 말이다.

Humans often be have like small birds. Just like a sparrow who is distracted by the food in front of him and doesn't realize that a hawk or eagle is about to hit his head.

004 인간은 태어나면서부터 허영심이 강하고, 타인의 성공을 질투하기 쉬우며, 자신의 이익 추구에 대해서는 무한정한 탐욕을 지닌 자다.

Humans are vain from birth, prone to envy others for their success, and infinitely greedy for their own interests.

005 인간은 대체로 내용보다는 외모를 통해서 사람을 평가한다. 누구나 다 눈을 가지고 있지만 통찰력을 가진 사람은 드물다.

Humans generally judge people through their appearance rather than their content. Everyone has eyes, but few have insight.

006 인간이란 것은 자기 자유의지로 스스로 자신에게 자초한 상처나 그 밖의 병은 타인의 손으로 가해진 것만큼 고통을 느끼지 않는다.

Human beings do not feel as much pain as wounds or other diseases brought on themselves by their own free will were inflicted by the hands of others.

마키아벨리의 운명론

마키아벨리는 운명에 대해서도 말합니다. 그는 인간은 자유 의지를 갖고 있는 듯 보이지만, 사실은 군주 아래 통치되어왔으며 또한 보이지 않는 운명의 손에 의해 움직이고 있다고 했습니다. 그렇다면 그 운명을 어떤 시선으로 바라보아야 하는지 고민하고, 그가 말하는 운명을 어떻게 받아들여야 현명한 삶을 살 수 있을지 생각해야 합니다.

007 운명은 우리 행위의 절반을 지배하고, 다른 절반을 우리들에게 양보한다.

Fate commands half of our actions and gives the other half to us.

008 운명이 우리 행위의 절반을 좌우하는지도 모른다. 그러나 운명도 나머지 절반의 동향은 우리들 인간에게 맡겨놓은 것이 아닌가 하는 생각이 든다. 운명은 그 역량으로 방비되지 않은 곳에서 그 강대한 힘을 무자비하게 마음대로 휘두르기 때문이다.
Destiny may determine half of our actions. However, I suspect that fate has left the other half of the trend to us. For fate mercilessly wields its mighty power in a place unprotected by its capacity.

009 인간은 운명에 몸을 맡겨갈 수는 있지만 이에 항거할 수는 없다.
또한 인간은 운명이라는 실을 짤 수는 있지만 이것을 찢어 끊을 수는 없다.
Man can leave himself to fate, but cannot resist it.
And man can weave the thread of destiny, but he cannot tear it apart.

010 직함이 인간을 높이는 것이 아니라, 인간이 직함을 빛나게 한다.
Titles do not elevate man, but man make it shine.

군주로서 관계를 이끌어가기

현대인은 크고 작은 집단에 속해 있습니다. 과거에는 신분제가 있었지만, 지금은 누구나 마음먹기에 따라 집단의 리더가 될 수 있습니다. 그렇다면 여러분은 리더가 되겠습니까, 군중이 되겠습니까? 마키아벨리의 군주론에 따라 일상에서의 정치를 통찰해 본다면, 이전보다 더 수월하게 사람을 대할 수 있을 것입니다.

011 사랑과 두려움을 동시에 줄 수 없다면 두려움을 주는 것이 낫다.
It is better to be feared than loved, if you cannot be both.

012 군주는 언제든 자기가 한 약속을 깰 정당한 권리가 있다.
A prince never lacks a legitimate reason to break his promises.

013 복종 받고 싶다면 명령하는 법을 알라.
He who wishes to be obeyed must know how to command.

014 정치는 도덕과 그 어떤 관계가 없다.
Politics have no relations to morals.

015 사람 위에 서는 자는 인간적인 성질과 야수적인 성질을 다 같이 배울 필요가 있다.
He who stands above a man needs to learn both human and beastly qualities.

016 군주는 짐승의 방법을 잘 이용할 줄 알아야 하는데, 그 중에서도 여우와 사자를 모방해야 한다. 왜냐하면 사자는 함정에 빠지기 쉽고, 여우는 늑대를 물리칠 수 없기 때문이다.
따라서 함정을 알아차리기 위해서는 여우가 되어야 하고, 늑대를 혼내주려면 사자가 되어야 한다.
A monarch must be able to use the methods of beasts, among them to imitate foxes and lions. Because lions are apt to fall into traps and foxes cannot defeat wolves. Therefore, it must be a fox to be aware of the trap, and a lion to scold the wolf.

017 진정한 지도자는 운명의 바람과 물결의 전환에 따

라 방향을 변경할 수 있는 항상 마음의 준비가 되어 있어야 한다.

A true leader must always be ready to change direction with the wind of fate and the turn of the waves.

경계하고, 주의하고, 명심해야 할 것들

인생을 살아가기 위해서는 몇 가지 명심해야 할 것들이 있습니다. 그것은 때로 경계해야 할 부분이기도 하고, 끊임없이 생각해야 할 부분이기도 합니다. 마키아벨리 또한 다른 사상가들처럼 인간의 어려움에 대해 사유했습니다. 타인과 함께 살아가면서 우리가 주의해야 할 것들은 무엇이 있습니까?

018 세상에서 가장 무서운 것은 가난도 걱정도 병도 아니다. 그것은 생에 대한 권태이다.
The scariest thing in the world is neither poverty nor worry nor illness. It is an abomination to life.

019 적을 공격할 때는 그 적이 복수를 꿈도 못 꿀 정도로

깊은 상처를 입혀야 한다.

If an injury has to be done to a man it should be so severe that his vengeance need not be feared.

020 관대함처럼 자기 소모적인 것은 없다. 당신이 그 미덕을 행하면 할수록 그만큼 더 그 미덕을 계속 실천할 수 없게 된다.

There is nothing so self-consuming as generosity. The more you practice that virtue, the more you cannot continue to practice it.

021 누구나 실수하고 싶어서 실수하는 것은 아니다. 다만 갠 날에는 다음날 비가 온다는 생각을 하지 않을 뿐이다.

Not everyone makes mistakes because they want to. But I just don't think it will rain the next day on a clear day.

022 이 세상 모든 의미 있는 일들은 위험 속에서 이루어졌다.

Never was anything great achieved without danger.

023   올바른 모범을 보여주는 것은 무한한 자선보다 낫다.

It is better to set the right example than unlimited charity.

배신하는 인간

편하다는 이유로 점점 선을 넘는 사람에게 상처받은 경험이 있습니까? 마키아벨리는 굉장히 차가운 시선으로 인간의 내면을 탐구했습니다. 인간은 사랑보다 두려움으로 통제당하기 쉬운 동물입니다. 그리고 서로의 신뢰 관계를 쉽게 저버립니다. 하지만 사회적 동물이기 때문에 꼭 집단에 소속됩니다. 결국 모든 인간은 서로를 배신하는 인간들과 함께 살아가야 하는 운명입니다. 이에 대해 마키아벨리는 다음과 같이 말했습니다.

024   개인들 사이에서는 법률이나 계약서나 협정이 신의를 지키는 데 도움이 된다. 그러나 권력자들 사이에서는 오직 힘에 의해서만 신의가 지켜진다.

Among individuals, laws or contracts or agreements help to keep faith. But among those in power, faith is held only by power.

025 정의는 없어도 질서 있는 국가와 정의는 있어도 무질서한 국가 가운데 어느 쪽을 택하겠느냐고 묻는다면 나는 주저 없이 전자를 택할 것이다.
I would choose the former if I were asked which country would choose between an orderly country with injustice and a country with justice without disorder?

026 지도자가 없어서 통제되지 않는 군중만큼 무슨 짓을 할지 예측할 수 없는 무서운 존재도 없지만, 반면에 이것처럼 취약한 존재도 없다.
There is no one so fearful as to predict what to do as an uncontrolled crowd without a leader, but on the other hand there is no one as vulnerable.

027 전투를 벌일 때에 적을 속이는 것은 명예로운 행위이다.
It is an honorable act to deceive the enemy in battle.

028 사람의 운이 좋고 나쁨은 시대에 맞추어서 행동할 수 있느냐 없느냐에 달려 있다.
One's luck depends on whether one can act in time or not.

029 사람이 하는 일은 그 동기가 아니라 결과로 판정되어야 한다.

What a person does should be judged as a result, not as a motive.

인생론 속 지혜 탐구: 세네카

Lucius Annaeus Seneca, BC 4~65

후기 스토아 철학을 대표하는 로마 제정시대 정치가 세네카. 네로(Nero) 황제의 스승으로, 황제를 암살하려는 음모가 발각되어 자살을 명령받고 꿋꿋하고 침착하게 죽음을 맞이합니다. 젊었을 때 그는 주로 정계에서 활동하였으나 간통죄 누명으로 유배지에 머무르게 되어 그곳에서 자연철학 공부를 완성하기도 합니다.

이런 불안정한 생활 속에서 탄생한 그의 철학적 성찰은 소크라테스, 아리스토텔레스, 플라톤에 이어 위대한 고대 철학의 계보를 잇고, 현대인의 삶에도 큰 울림을 줄 만큼 생활과 밀접한 명언들을 남겼습니다. 그의 명언은 기본적인 삶의 태도를 지적하면서 어떻게 해야 사회 및 집단에 잘 어울릴 수 있는지 통찰을 줍니다.

세네카의 인생론

삶은 끊임없는 용기를 필요로 합니다. 그리고 우리는 역경이 닥쳐왔을 때에도 의연하게 스스로를 통제할 줄 알아야 합니다. 세네카가 이상적으로 생각하는 능력이 바로 '자기 통제'입니다. 너무 채찍질해도 안 되고, 너무 쾌락에 몰두하여 늘어져도 안 됩니다. 적당한 균형을 유지해야 비로소 참된 노력을 통해 올바른 방향으로 나아갈 수 있습니다.

030 잘못된 열정을 통제하는 것보다는 배제하는 것이, 잘못된 열정에 휩싸인 후에 마음을 다잡는 것보다는 휩싸이지 않도록 하는 것이 더 쉽다.

It is easier to exclude harmful passions than to rule them, and to deny them admittance than to control them after they have been admitted.

031 적당한 쾌락은 정신의 긴장을 풀리게 하고 진정시킨다.

Pleasure in moderation relaxes and tempers the spirit.

032 가장 강한 사람은 스스로를 통제할 수 있는 자이다.

Most powerful is he who has himself in his own power.

033 불은 금을 시험하고, 역경은 강한 인물을 시험한다.
Fire is the test of gold. Adversity, of strong men.

자아와 자신감 찾기

아무것도 하지 않으면 아무 일도 일어나지 않습니다. 하던 일만 계속한다면 무력감에 빠질 수 있습니다. 발전은 새로움에서 일어납니다. 하던 일도 새롭게 하거나 아니면 새로운 일에 도전해야 발전이 있습니다. 그 발전으로 자신감이 생기고 인생이 변하는 것입니다. 자신감을 가지되 겸손한 태도로, 당당한 자세로 나아가야 합니다.

034 약간의 광기를 띠지 않은 위대한 천재란 없다.
There is no great genius without some touch of madness.

035 모든 예술은 자연의 모방이다.
All art is an imitation of nature.

036 칭찬 받는 모습으로 그 사람의 인격을 판단할 수 있다.
You can tell the character of every man when you see how he receives praise.

인간관계와 자본

현대인에게 가장 고민되는 것은 바로 인간관계와 돈입니다. 자본주의 사회에서 살아가기 위해서는 재화를 습득해야 합니다. 또한 인간은 사회적인 동물이므로 인간관계를 꾸려나가야 행복해질 수 있습니다. 수천 년 전의 세상을 살았던 세네카도 인간관계와 부에 대해 다음과 같은 명언을 남겼습니다.

037 말해야 할 때와 침묵해야 할 때를 아는 것은 훌륭한 일이다.
It is a great thing to know the season for speech and the season for silence.

038 당신이 행한 봉사에 대해서는 말을 아껴라. 허나 당신이 받았던 호의들에 대해서는 이야기하라.

Be silent as to services you have rendered, but speak of favours you have received.

039 부탁할 게 없다는 것이 얼마나 즐거운 일인지 생각해 본 사람은 거의 없다.
We never reflect how pleasant it is to ask for nothing.

040 부는 지혜로운 사람의 노예이자 바보의 주인이다.
Wealth is the slave of a wise man. The master of a fool.

041 부를 견딜 수 없다는 것은 의지박약의 증거이다.
It is the sign of a weak mind to be unable to bear wealth.

042 돈을 버는 방법이든 돈을 쓰는 방법이든 한 가지만 알면 부자가 될 수 있다.
You can be rich if you only know one way to make money or spend money.

043 진정으로 가난한 사람은 적게 가지고 있는 사람이 아니라 더 많은 것을 갈망하는 사람이다.
The truly poor are not the ones who have less, but those

who crave more.

더 나은 인간이 되기 위한 비판과 조언

더 나은 인간이 되기 위해서는 따끔한 비판도 필요한 법입니다. 특히 한국 사회의 현대인처럼 반복되는 삶을 사는 사람에게 변화의 씨앗은 소중합니다. 세네카는 인생을 살면서 간과할 수 있는 문제에 대해 냉철하게 조언합니다. 아주 오래되었지만, 지금까지도 많은 이들의 인생에 좌우명처럼 남겨진 그의 뼈대 있는 명언은 오랫동안 전해져왔습니다.

044 인간은 항상 시간이 모자란다고 불평하면서 마치 시간이 무한정 있는 것처럼 행동한다.
Humans always act as if there is an infinite amount of time, complaining that they are running out of time.

045 사는 동안 계속 사는 방법을 배워라.
Learn how to keep living while you live.

046 고통을 당하기도 전에 고통을 느끼는 사람은 쓸데

없이 고통을 많이 겪는 것이다.

Those who feel pain even before they suffer needlessly suffer a lot.

047 계획이 실패하는 이유는 목적이 없기 때문이다. 어느 항구로 가야 할지 모른다면 제 아무리 순풍이 불어도 소용없다.

The reason why the plan fails is that it has no purpose. If you don't know which port to go to, there's no use in the wind.

048 어렵기 때문에 못하는 것이 아니다.
감히 시도하지 못하기 때문에 어려운 것이다.

It's not that I can't do it because it's difficult.
It is difficult because you dare not try.

049 종교는 일반인에게는 진리이고, 현자에게는 거짓이며, 권력자에겐 유용하다.

Religion is truth to the common people, false to the wise, and useful to the powerful.

050 최악의 결정은 어떤 결정도 내리지 않는 것이다.

The worst decision is not to make any decisions.

051 아무한테도 말하지 않고 입 다물어야 한다는 조건으로 내게 지혜가 전수된다면 나는 거부하겠다. 무엇이든 나누지 않고 소유하는 데는 기쁨이 없다.

If my wisdom is passed on to me on the condition that I should keep silent without telling anyone, I will refuse. There is no joy in owning anything without sharing it.

21세기 인간관계론: 카네기

Dale Carnegie, 1888~1955

미국의 작가이자 강연가인 카네기는 최초로 본격적인 자기계발서를 만들어낸 사람이라고 할 수 있습니다. 인간관계론, 자기관리론 등 여러 서적을 많이 저술한 바 있고, 현대인의 인간관계를 가장 지혜롭게 통찰해낸 그의 저서는 지금까지도 꾸준히 사랑받고 있습니다.

가장 대표적인 저서는 지금까지 전 세계에서 6,000만 부 이상 판매된 〈How to Win Friends and Influence People〉(1936)입니다. 허름한 셋방살이 집에서 시작하여 입지전적인 성공을 거둔 그의 인생을 보면 꿈은 포기하지만 않는다면 반드시 이루어진다는 확실한 신념을 전달 받을 수 있고, 성공과의 불가분의 요소인 인간관계 및 처세에 대한 통찰을 얻을 수 있을 것입니다.

행복은 가까이에 있다

우리가 알고 있는 행복의 기본 공식은 이렇습니다. '열심히 공부하고 열심히 일해서 성공하면 행복해진다.' 하지만 최근에 긍정심리학을 통해 이룬 연구성과에 따르면 그 공식은 반대라고 합니다. 즉 '행복한 사람이 성공한다.'입니다. 행복은 성공의 결과물이 아닙니다. 행복, 그리고 삶의 기회는 생각보다 가까이 있습니다.

052 외부로부터 갈채만 구하는 사람은 자기의 모든 행복을 타인에게 맡기고 있다.
The person who seeks all their applause from outside has their happiness in another's keeping.

053 당신이 무엇을 가졌는지, 어떤 사람인지, 어디에 있는지, 무슨 일을 하는지는 당신의 행복과는 상관이 없다. 행복과 상관 있는 것은 당신이 어떻게 생각하느냐는 것이다.
It isn't what you have, or who you are, or where you are, or what you are doing that makes you happy or unhappy. It is what you think about.

054 어느 곳에 돈이 떨어져 있다면 길이 멀어도 주우러 가면서 제 발 밑에 있는 일거리를 발로 차버리고 지나가는 사람이 있다.
눈을 떠라! 행복의 열쇠는 어디에나 떨어져 있다.
기웃거리고 다니기 전에 마음의 눈을 닦아라.
If there's money somewhere, there's a man who goes to pick up a long way and kicks the work under his feet.
Open your eyes! The key to happiness is everywhere.
Wipe your eyes before you snoop around.

055 대부분의 사람들은 우리가 가지기를 희망하는 양만큼의 용기보다 더 많은 용기를 가지고 있다.
Most of us have far more courage than we ever dreamed we possessed.

056 현재의 이 시간이 더할 수 없는 보배다. 사람은 그에게 주어진 인생의 시간을 어떻게 이용하였는가에 따라서 그의 장래가 결정된다. 만일 하루를 헛되이 보냈다면 큰 손실이다. 하루를 유익하게 보낸 사람은 하루의 보배를 파낸 것이다. 하루를 헛되이 보내는 것은 내 몸을 소모하고 있다는 것을 알아야 한다.

This time of day is an unparalleled treasure. One's future depends on how he took advantage of his time in life. If you spent the day in vain, it would be a great loss. He who has spent the day in good stead has dug up a day's treasure. You should know that spending a day in vain is wasting my body.

057 기회를 붙잡은 사람은 십중팔구 성공한다. 실패를 극복해서 자신의 힘으로 기회를 만들어 내는 사람은 100% 성공한다.

He who catches the chance is most likely to succeed. He who overcomes failure and creates opportunity on his own is 100% successful.

끊임없는 도전, 그리고 희망

성공하기 위해서는 자신의 한계에 도전해야 합니다. 가벼운 운동으로는 힘센 근육을 만들 수 없듯이 죽을힘을 다해야 한계를 넘을 수 있습니다. 그런데 자신은 아무 노력도 하지 않으면서 남의 성공을 질시하는 사람이 있습니다. 하지만 한계에 도전하지 않으면 운도 따르지 않습니다. 카네기는 언제나 희망을 갖고 도전하는 것이 좋은 태도라고 일컫습니다.

058 세상의 중요한 업적 중 대부분은 희망이 보이지 않는 상황에서도 끊임없이 도전한 사람들이 이룬 것이다.
Most of the important things in the world have been accomplished by people who have kept on trying when there seemed to be no hope at all.

059 바람이 불지 않을 때 바람개비를 돌리는 방법은 앞으로 달려 나가는 것이다.
The way to turn a pin when there is no wind is to run forward.

060 작은 성공부터 시작하라. 성공에 익숙해지면 무슨 목표든지 할 수 있다는 자신감이 생긴다.
Start with a small success. When you get used to success, you feel confident that you can do whatever you want.

061 큰일을 먼저 하라.
작은 일은 저절로 처리될 것이다.
Do a big job first.
The little thing will be done by itself.

062 도저히 손댈 수가 없는 곤란에 부딪혔다면 과감하게 그 속으로 뛰어들라. 그러면 불가능하다고 생각했던 일이 가능해진다. 자기의 능력을 완전히 신뢰하고 있으면 반드시 할 수 있다.
If you're faced with a difficulty you can't handle, venture into it. That makes it possible to do what you thought was impossible. Have complete confidence in one's ability and be sure to do it.

063 실패로부터 성공을 발전시켜라.
좌절과 실패는 성공으로 가는 두 가지의 가장 확실한 디딤돌이다.
Develop success from failure.
Frustration and failure are the two surest stepping stones to success.

064　어떤 일에 열중하기 위해서는 그 일을 올바르게 믿고, 자기는 그것을 성취할 힘이 있다고 믿으며, 적극적으로 그것을 이루어 보겠다는 마음을 갖는 일이다. 그러면 낮이 가고 밤이 오듯이 저절로 그 일에 열중하게 된다.

To be absorbed in a task is to believe it correctly, to believe that you have the power to achieve it, and to actively try to accomplish it. Then the day goes by and as the night comes, you become absorbed in the work of your own accord.

비난은 독이다

카네기가 인간관계와 처세에 대해 이야기하면서 가장 강조한 것은 바로 비난과 비판입니다. 대부분의 사람들은 자신의 잘못보다 타인의 잘못에 대해 더 쉽게 말을 얹습니다. 하지만 그것은 그다지 좋은 방법이 아니라고 합니다. 타인을 비판하기 전에 자신을 돌아보는 습관을 가져야 합니다. 그것이 관계를 돈독하게 만들면서 성장할 수 있는 방법입니다.

065 다른 사람을 비난하지 마라. 비난이란 집비둘기와 같다. 집비둘기는 반드시 집으로 돌아온다.
Don't blame others. Blame is like throwing a house. The house pigeon is bound to return home.

066 죽을 때까지 남의 원망을 듣고 싶은 사람은 남을 신랄하게 비판하는 것을 일삼으면 된다.
Those who want to hear others' grudges until they die should try to criticize others harshly.

067 어떤 바보도 비난하고, 비판하고 불평할 수 있다. 그리고 대부분의 바보들이 그렇게 한다.
Any fool can criticize, condemn and complain—and most fools do.

21세기 인간관계론

카네기는 〈자기관리론〉, 〈성공대화론〉, 〈1% 성공습관〉, 〈나의 멘토 링컨〉 등 다양한 저서를 남겼습니다. 또한 리더십 코스라는 교육 과정도 고안해낸 바 있습니다. 그는 인간

심리에 대해 깊게 고찰하였고, 현대인의 처세술에 대해 매우 저명한 학자가 되었습니다. 인간관계에 대해 고민하고 계십니까?

068 2년간 다른 사람으로 하여금 당신에게 관심을 갖게 만들어 사귄 것보다 더 많은 친구를 2달 동안 다른 사람에게 관심을 가져 사귈 수 있다.
You can make more friends in two months by becoming interested in other people than you can in two years by trying to get other people interested in you.

069 우리가 사람을 대할 때, 논리적인 동물을 대하고 있지 않다는 점을 기억해야 한다. 우리는 감정의 동물, 즉 편견으로 마음이 분주하고 자존심과 허영에 따라 움직이는 동물과 상대하고 있는 것이다.
When dealing with people, let us remember we are not dealing with creatures of logic. We are dealing with creatures of emotion, creatures bustling with prejudices and motivated by pride and vanity.

070 당신이 내일 만날 사람들 중 4분의 3은 동정심을 갈

망할 것이다. 그것을 그들에게 안겨 주라. 그러면 그들은 당신을 사랑할 것이다.

Three-quarters of the people you'll meet tomorrow will crave sympathy. Give it to them. Then they will love you.

071 한 인간의 마음을 사로잡는 지름길은 그 사람이 가장 흥미를 느끼고 있는 일에 관해 이야기하는 것임을 알아야 한다.

One must know that the shortcut to winning a human heart is to talk about what one is most interested in.

072 아무리 보잘 것 없는 것이라도 한 번 약속한 일은 상대방이 감탄할 정도로 정확하게 지켜야 한다. 신용과 체면도 중요하지만 약속을 어기면 그만큼의 믿음이 약해진다.

No matter how insignificant it may be, the other party should keep it admirably accurate. Credit and decency are important, but if you break your promise, you will lose that much faith.

073 사람에게는 자기의 이름이 모든 말 가운데 가장 사랑스럽고 존중하게 들리는 말이다.

To a man, his statement sounds the most lovely and respectful of all words.

카네기의 인생 성공 명언

우리 모두는 완전한 존재로 이 세상에 태어났습니다. 그리고 인간의 완성은 끊임없는 노력의 결과로 이루어집니다. 사용하지 않는 기계가 녹이 슬듯이, 실천하지 않는 인간은 실패가 두려워 새로운 일에 도전하지 못합니다. 인간은 활동을 통해 완성되는 존재입니다. 그리고 그 활동은 동물적인 활동이 아니라 인간의 가능성을 펼치는 활동입니다.

074 우리는 1년 후면 다 잊어버릴 슬픔을 간직하느라 무엇과도 바꿀 수 없는 소중한 시간을 버리고 있다. 소심하게 굴기에는 인생이 너무 짧다.

We're wasting precious time irreplaceable to anything, keeping our sorrows that we'll all forget in a year. Life is too short to be timid.

075 자기의 능력이나 실력은 생각하지 않고, 단숨에 몇 계단을 뛰어 올라가려는 사람은 성공하지 못한다.

He who does not think of his own ability or skill, and who tries to run up a few steps at once, does not succeed.

076 내가 알고 있는 최대의 비극은 많은 사람들이 자기가 진정으로 하고 싶은 일이 무엇인지 알지 못하고 있다는 것이다. 단지 급료에 얽매어 일하고 있는 사람처럼 불쌍한 인간은 없다.

The greatest tragedy I know is that many people don't know what they really want to do. There is no such poor man as a mere wage earner.

077 책임을 지고 일을 하는 사람은 회사, 공장, 기타 어느 사회에 있어서도 반드시 두각을 나타낸다. 책임 있는 일을 하도록 하자. 일의 대소를 불문하고 책임을 다하면 꼭 성공한다.

A person who works responsibly stands out in the company, in the factory, in any other society. Let's do something responsible. You will succeed if you fulfill your responsibilities, regardless of the size of the job.

078 마음속에서 즐거운 듯이 만면에 웃음을 띄워라. 어깨를 쭉 펴고 크게 심호흡을 하자. 그러고 나서 노래를 부르자.

노래가 아니면 휘파람이라도 좋다. 휘파람이 아니면 콧노래라도 좋다. 그래서 자신이 사뭇 즐거운 듯이 행동하면 침울해지려 해도 결국 그렇게 안 되니 참으로 신기한 일이다.

Put a smile on your face as if you are happy in your heart. Keep your shoulders straight and take a deep breath. Then let's sing.

It's okay if it's not a song. If it's not whistling, it's okay to hum. So it's a wonder that if you act as if you're happy, you can't get depressed after all.

079 미소는 만물의 영장인 사람만이 가지고 있는 특권적인 표현법이다. 이 귀한 하늘의 선물을 올바로 이용하는 것이 사람이다. 문지기에도, 사환(심부름꾼)에게도, 안내양에게도, 그밖에 누구에게나 이 미소를 지음으로써 손해나는 법은 절대로 없다. 미소는 일을 유쾌하게, 교제를 명랑하게, 가정을 밝게, 그리고 수명을 길게 해 준다.

A smile is a privileged expression that only a man, the lord of all things, has. It is a man who makes the right use of this precious gift of heaven. There is no way anyone can be harmed by this smile on the doorstep, the messenger, the guide, or anyone else. A smile makes work pleasant, pleasant, home bright, and life long.

세상을 보는 지혜: 쇼펜하우어

Schopenhauer Arthur, 1788~1860

독일의 철학자. 교단에 서지 않고, 주로 민간 문필가로서 활동했습니다. 칸트의 영향을 많이 받았고, 헤겔의 철학을 비판했으며 오늘날에는 흔히 '염세주의자'라는 수식과 함께 언급됩니다. 사망한 72세까지 자신만의 확고한 신념을 지켰던 그는 인간에 대해 매우 비판적인 태도를 취했지만, 사실 그것은 인간과 세상에 대한 애정이 있었기에 가능한 일이었습니다.

"나는 여자보다 개가 좋다."라고 할 만큼 이성에 대한 불신을 품고 평생 독신으로 지냈으며 고집스러운 표정과 반쯤 벗겨진 머리가 그의 성정을 잘 알려줍니다. 그렇지만 그의 냉철한 이성과 통찰을 보여주기는 작품들은 19세기 수많은 사상가들에게 영향을 끼쳤으며, 세상을 보는 지혜에 대한 통찰을 우리들에게 줄 것입니다.

올곧은 자신감을 가진 자

쇼펜하우어는 생전에 자신의 뜻을 쉽게 굽히지 않았다고 합니다. 그렇다고 해서 무조건 자신의 의견만을 관철한 것이 아니라, 타인의 의견도 존중하는 것 또한 중요하게 여겼습니다. 자신을 먼저 존중해야 비로소 타인에게도 진정한 존중을 실천할 수 있는 법입니다. 또한 자신감은 성공을 불러오는 밑바탕이 될 수 있습니다.

080 진정한 희망이란 바로 자신을 신뢰하는 것이다.
The real hope is that you trust yourself.

081 자신감을 잃지 말라. 자기를 존중할 줄 아는 사람만이 다른 사람을 존중할 수 있다.
Don't lose your confidence. Only those who can respect themselves can respect others.

082 세계는 비참한 사람에게 있어서만 비참하고, 공허한 사람에게 있어서만 공허하다.
The world is miserable only for the miserable, and empty for the empty.

083 행운은 거울 속의 나를 바라볼 수 있을 만큼 용기가 있는 사람을 따른다.

Fortune follows a man who has the courage to look at me in the mirror.

084 용기란 우리들 인간이 행복을 누리는 데 있어서 하나의 중요한 구실을 하는 요소이기도 한 것이다.

Courage is also an important factor in our human enjoyment of happiness.

085 이 세상에서 확신을 가지고 의지할 수 있는 것은 오직 나 자신뿐이다. 다른 사람과의 교제는 혐오와 손실을 초래하는 경우가 많기 때문이다. 그러므로 자신에게 만족하면서 확신을 가지는 자는 이미 행복하다.

I am the only one who can rely on confidence in this world. This is because companionship with others often leads to abhorrence and loss. Therefore, he who is content with himself and is sure is already happy.

고뇌하는 염세주의자

염세주의란 쉽게 말해 낙관주의와 반대되는 입장이라고 할 수 있습니다. 쇼펜하우어는 세상을 지극히 비관적으로 바라보며 인생을 희망이 없는 고통의 연속이라고 표현했습니다. 언뜻 보면 너무나 어둡고 괴짜 같지만, 쇼펜하우어의 사유를 천천히 음미하다보면 세상에 대한 깊은 애정을 느낄 수 있습니다.

086 희망은 마치 독수리의 눈빛과도 같다. 항상 닿을 수 없을 정도로 아득히 먼 곳만을 바라보고 있기 때문이다.
Hope is like the eye of an eagle. Because he is always looking far beyond his reach.

087 삶은 욕망과 권태 사이를 왕복하는 시계추와 같다. 그러니 욕망으로 인한 고통에서 벗어날 수 없다.
Life is like clockwork that goes back and forth between desire and boredom. So you can't escape the pain of desire.

088 일찍이 우리는 깨어 있었으며 머지않아 또 다시 깰 것이다. 인생은 기나긴 꿈으로 가득 찬 밤이며 인간은 그 꿈속에서 여러 가지 악몽에 시달린다.

We were up early and will soon wake up again. Life is a night full of long-lived dreams, and humans suffer from various nightmares in it.

089 우리는 죽은 사람이나 동물의 시체를 볼 때 우울한 기분에 휩싸인다. 그것은 형체란 실체가 아니라 단지 하나의 현상에 불과했음이 그 시체로부터 가장 분명하게 나타나기 때문이다.

When we see the bodies of dead people or animals, we are in a gloomy mood. That's because the body is most apparent from the body that the shape was not a substance, but merely a phenomenon.

090 이 세상에 있는 모든 생물은 살려고 하는 의지를 충분히 가지고 있으나, 이 의지가 충분히 만족되지 않기 때문에 산다는 것은 괴로운 것이다.

Every creature in the world has a full will to live, but it is distressing to live because this will is not satiated enough.

쇼펜하우어가 남긴 지혜의 명언

쇼펜하우어는 염세주의로 유명한 철학자 이전에 우리와 같은 사회인이었습니다. 노동하고, 먹고, 자고, 사람들과 관계를 맺으며 살아가는 평범한 사람이었죠. 따라서 그는 원론적이고 어려운 이야기에서 벗어나 실생활에 적용할 수 있는 유용한 생활의 지혜도 남겼습니다.

091 돈을 빌려 달라는 요청을 거절해서 친구를 잃는 일은 적다.
하지만 돈을 빌려줬다가 친구를 잃기는 쉽다.
It is rare to lose a friend by refusing to lend money.
But I lent him the money. It's easy for somebody to lose a friend.

092 돈은 바닷물과 같다.
마시면 마실수록 목이 말라진다는 점에서 그렇다.
Money is like seawater.
That's because the more you drink, the thinner you get thirsty.

093 하루는 작은 일생이다. 아침에 잠이 깨서 일어나는 것이 탄생이요, 상쾌한 아침은 짧은 청년기를 맞는 것과 같다. 그러다 저녁, 잠자리에 누울 때는 인생의 황혼기를 맞는 것이라는 사실을 알아야 한다.

One day is a small life. It is birth that wakes up in the morning, and a fresh morning is like a short youth. Then, in the evening, when you lie down, you should know that you are in the twilight of your life.

094 타인의 견해에 반론을 제기할 때 그의 동의를 얻기 위해서는 "나도 전에는 그렇게 생각했었지만……." 하는 식으로 말하는 것보다 더 효과적인 방법은 없다.

There is no more effective way to get his consent when refuting other people's views than to say, "I thought so before, but……."

095 후회란 자신을 고문하는 짓이다.

Regret is to torture oneself.

096 타인의 잘못을 고친다는 것은 거의 불가능한 일이다.

It is almost impossible to correct another's fault.

097 아무리 나쁜 인격자를 만난다 하더라도 '그래, 세상에는 저런 존재도 필요하지.'라고 생각해야만 한다.
No matter how bad you meet someone, you should think, 'Yes, that's what the world needs.'

자기 자신으로 홀로 서기

다른 사람의 인정을 받으려고 하는 것은 인간의 기본적인 욕구입니다. 하지만 이 인정욕구 때문에 내 삶의 기준이 타인에게 맞춰져 나의 인생을 잃어버릴 위험이 있습니다. 진정한 나의 모습을 잃고 타인이 되는 겁니다. 쇼펜하우어는 타인의 시선에 휘둘리는 것을 경계해야 한다고 말했습니다.

098 물고기에게는 물속이, 새에게는 공중이, 두더지에게는 땅 속이 행복한 것처럼 자기에게 적합한 분위기만이 행복을 주는 것이다. 가령, '누구나 공기에서 숨 쉴 수 있는 것은 아니다.'
Only an atmosphere suitable for one's own body, such

as the water in a fish, the air in a bird, and the earth in a mole, gives one happiness. For example, 'Nobody can breathe in the air.'

099 헤라클레스처럼 어마어마한 힘을 가진 사람이 보석세공을 하거나 학문연구를 한다면 그는 타고난 자신의 능력을 제대로 발휘하지 못할 것이다. 자신에게 어울리지 않는 일을 선택하는 사람은 불행을 면하기 어렵다.

A man of immense power like Hercules would not be able to exercise his natural abilities if he were to work jewelry or study. He who chooses things that do not suit him can hardly escape misfortune.

100 인간은 다른 사람처럼 되고자 하기 때문에 자기 잠재력의 4분의 3을 상실한다.

Humans lose three-quarters of their potential because they want to be like other people.

101 인간은 고슴도치와 같다. 너무 가까이 하면 가시에 찔리고 너무 멀리 하면 추워진다.

Man is like a hedgehog; too close to him gets stabbed by a thorn and too far away makes him cold.

102 인간의 사교는 사교가 좋아서가 아니라 고독이 두려워서이다.

Human society is not about socializing but about solitude.

103 수도자들이 은둔 생활에서 행복을 느끼는 이유는 남의 눈치를 보지 않고 자기 본위의 생활로 돌아갈 수 있기 때문이다.

The reason the monks feel happy in their secluded lives is that they can return to their own lives without looking at others.

104 만일 남의 눈을 의식하는 태생적인 결함에서 벗어날 수만 있다면 인간이 누릴 수 있는 마음의 평화와 힘은 매우 커진다.

If we can escape from the inherent flaws that are conscious of other people's eyes, then the peace and power of the human mind is greatly increased.

105　인간은 누구나 홀로 있지 않을 수 없다. 결국 인간의 행복은 얼마나 홀로 잘 견딜 수 있는가에 달려 있다.
Every human being can't help being alone. In the end, human happiness depends on how well one can stand alone.

106　'남들이 뭐라고 생각할까?' 늘 이런 생각에 사로잡혀 사는 사람은 노예일 뿐이다. 노예는 늘 주인의 눈치를 살피고 주인의 명령을 따라야만 한다. 하기 싫은 일이 있을지라도.
'What do others think?' It's only a slave who's always been obsessed with this way. Slaves must always look after their masters and follow their masters' orders. Even if there is something they don't want to do.

실패해도 끝나지 않는다

어려운 문제와 씨름해서 그것을 해결하기도 하고 혹은 잘 못되어 좌절하기도 할 수 있습니다. 하지만 이 과정을 통해서 문제해결 능력도 커지고 인내심도 생기게 됩니다. 그래서 그 다음에는 어떻게든 문제를 해결하려고 노력하는 것이 인간의 본능입니다. 실패는 끝이 아닙니다. 포기하지 않는다면 실패는 새로운 시작이 됩니다.

107 좌절을 경험한 사람은 자신만의 역사를 갖게 된다. 그리고 인생을 통찰할 수 있는 지혜의 길로 들어선다.
Those who experience frustration have their own history. And enter the path of wisdom that gives life insight.

108 약간의 근심, 고통, 고난은 항시 누구에게나 필요한 것이다. 바닥짐을 싣지 않은 배는 안전하지 못하여 곧장 갈 수 없으리라.
A little anxiety, pain, and hardship are always necessary for everyone. The unladen ship is unsafe and cannot sleep straight.

109 패배로 인한 고통을 자발적으로 겪어 보라. 그러면서 인품이 형성되는 것이다.
Go through the pain of defeat voluntarily. That's how the character is formed.

110 우리 인생은 마치 커다란 모자이크와 같아서 가까이에 있으면 제대로 알아볼 수가 없다. 그것이 얼마나 아름다운지를 알려면 멀리 떨어져서 봐야 한다.
Our lives are like a big mosaic, and we can't recognize them when we're near them. You have to look far away to see how beautiful it is.

비교는 불행의 씨앗이 된다

불행은 항상 위로 향하고 있는 우리의 시선에서 시작되는 것입니다. 조금만 그 각도를 낮춰도 자신의 가진 것과 처한 상황에 대해 만족할 수 있고 행복할 수 있습니다. 타인의 인생과 자신의 인생을 비교하기 시작한다면 행복은 점점 멀어집니다. 인간의 욕망은 끝없이 늘어나는 성질을 가지고 있기 때문입니다.

111 사람들이 질투의 감정에 사로잡히는 이유는 자신보다 나은 처지의 사람을 바라보기 때문이다. 그 사람이 자신보다 많은 재물을 가지고 있거나 다른 사람으로부터 더 많은 사랑을 받고 있다고 느낄 때, 사람

들은 대부분 자신의 비참함을 돌아보게 된다.

The reason people are consumed with feelings of jealousy is because they look at people who are in a better position than they are. When a person feels he or she has more wealth than he or she is loved by others, most people look back on their own urgency.

112   모든 불행의 시작은 비교하는 것으로부터 시작된다. 그러나 생각해 보라. 이 지구상에 나보다 불행한 사람이 얼마나 많은지를. 태어날 때부터 눈이 멀었거나 듣지 못하는 사람들, 한 끼 식사도 제대로 못하는 사람들, 그들도 역시 그대의 주변에서 그대와 함께 살아가고 있는 사람들이다.

The beginning of all misfortunes begins with comparison. But think about it. How many people on this planet are less fortunate than I am. Those who are blind or deaf from birth, those who do not have a proper meal, and they are also living with you around you.

113   지금 얼마나 많은 사람들이 그대보다 앞서 있는가를 생각하기보다는 얼마나 많은 사람들이 그대의

뒤를 따르고 있는가를 생각하라.

Instead of thinking about how many people are ahead of you now, think about how many people are following you.

114 우리는 흔히 자기가 가진 것은 생각지도 못하고 자신에게 부족한 것만 생각한다. 그럼으로써 불행의 길을 걷는다.

We often think only of what we have and what we lack. So as to take the path of misfortune.

115 선량하고 지혜로운 사람은 불행한 상황에서도 만족을 느끼지만 욕심이 많고 어리석은 사람은 수많은 재물을 소유하더라도 결코 만족하지 못한다.

A good and wise man feels content even in unfortunate circumstances, but a greedy and foolish man is never satisfied even if he owns a great deal of wealth.

인간의 본질적인 특성: 파스칼

Pascal Blaise, 1623~1662

프랑스의 수학자, 물리학자, 발명가, 철학자, 신학자로 다양하게 활동했던 파스칼은 인간과 진리에 대한 많은 명언을 남겼습니다. 그는 인간의 위대함을 역설하는 스토아 철학, 삶의 허무를 강조하는 회의주의나 쾌락주의를 종교로 환원시켜 기독교적 구원에 대해 말했습니다.

'파스칼의 내기(Pari de Pascal)'라는 기독교적 변증법을 내세워 신을 믿어서 손해 볼 것은 없다는 주장을 하기도 했습니다. 기독교적 세계관만을 염두에 둔 점으로 많은 반론이 있기는 했지만, 파스칼이 죽은 뒤인 1670년, 그의 유족과 친척들이 파스칼의 글 묶음을 모아 〈종교 및 기타 주제에 대한 파스칼 씨의 팡세(생각)〉라는 제목으로 펴낸 팡세가 그의 대표작이고, 시공간을 뛰어넘는 위대한 인문학자의 통찰을 그로부터 만날 수 있을 것입니다.

우정, 사람을 대하는 태도

마음이 좁으면 상처를 받기 쉽습니다. 조그만 일도 크게 생각하기 때문입니다. 기대하는 마음이 크면 마음은 반대로 좁아집니다. 외부 상황과 기대치와의 차이가 조금만 벌어져도 이를 견디기 힘든 것입니다. 남을 통제하는 것보다는 자신의 태도를 되돌아봐야 합니다. 파스칼은 우정과 인간의 됨됨이에 대해 다음과 같은 명언을 남겼습니다.

116 만일 친구가 남몰래 수군거리는 것을 알게 되면 그것이 비록 진지하게 사실 그대로를 말했다고 하더라도 우정은 거의 유지되지 않는다.

If one finds out that a friend is chatting secretly, friend-ship is rarely maintained, even if it is seriously told the truth.

117 모든 사람이 서로에 대해서 어떻게 말하는지 알게 된다면 누구든 이 세상에서 네 명 이상의 친구를 가지지 못할 것이다.

No one will have more than four friends in the world if everyone knows how to talk about each other.

118   사소한 잘못을 용서할 수 없다면 우정은 결코 깊어질 수 없다.

Friendship can never deepen if you can't forgive minor mistakes.

119   시간은 슬픔과 다툼도 가라앉힌다. 왜냐하면 우리는 같은 인간으로 머무르지 않고 끊임없이 변화하기 때문이다.

Time also subsides grief and strife. Because we don't stay the same human being, we change constantly.

120   나는 특히 누구를 치켜세우고 칭찬하는 사람 쪽에 서고 싶은 생각이 없다. 또 누구를 지칭하여 비난하는 쪽에도 끼고 싶지 않다. 현재 행복한 체하는 사람의 편에도 들고 싶은 생각이 없다. 고민하면서 길을 찾는 사람 이런 사람의 모습이야말로 가장 인간다운 사람이라고 생각한다.

I don't particularly want to stand on the side of someone who praises and praises. I also don't want to be in the position of criticizing anyone. Currently, I don't want to be on the side of someone who pretends to be happy.

I think people who look for their way are the most human beings.

121 너그럽고 상냥한 태도, 그리고 무엇보다 사랑을 지닌 마음. 이것이 사람의 외모를 아름답게 하는 힘은 말할 수 없이 큰 것이다.

A generous and friendly attitude, and above all, a heart with love. The power to beautify a person's appearance is beyond description.

122 자기에게 이로울 때만 남에게 친절하고 어질게 대하지 말라. 지혜로운 사람은 이해관계를 떠나서 누구에게나 친절하고 어진 마음으로 대한다. 왜냐하면 어진 마음 자체가 나에게 따스한 체온이 되기 때문이다.

Don't be kind to others only when it is good for you. A wise man treats everyone with kindness and kindness, regardless of his interests. Because my heart is warm to me.

참된 현자의 길

인간의 본성에는 단점도 많지만, 숨겨진 잠재력이 있다고 합니다. 누구든지 진리를 탐구하며 자신의 인생에 대해 천착하면 현자가 될 수 있다는 것이 파스칼의 생각입니다. 다른 사람이 남기고 간 지혜를 배우는 것도 좋지만, 스스로 삶을 살아가면서 깨우칠 수 있는 인간의 숨겨진 힘을 가슴에 새기고 살아간다면 삶의 질이 올라갑니다.

123 고민하면서 길을 찾는 사람들, 그들이 참된 인간상이다.
Those who seek their way, they are true human figures.

124 인간의 위대함은 자기 자신의 보잘 것 없음을 깨닫는 점에 있다.
The greatness of man lies in the realization of his own insignificance.

125 인간은 더없이 연약한 한줄기의 갈대에 불과하다. 그러나 생각하는 갈대이다.
Man is no more than a weak reed. But it's a thinking reed.

126 마음속의 공허는 내 마음속에 생명력을 불러일으킴으로써 메울 수 있을 뿐이다.

The emptiness in my mind can only be filled by invoking vitality in my mind.

127 무엇이든지 풍부하다고 반드시 좋은 것은 아니다. 더 바랄 것 없이 풍족하다고 해서 그만큼 기쁨이 큰 것은 아니다.

모자라는 듯한 여백. 그 여백이 오히려 기쁨의 샘이다.

Rich in everything is not necessarily good. It is not as much joy to be rich as it should be.

A scanty margin The margin is rather a fountain of joy.

128 사람의 마음속에는 인간의 이성과는 다른 그것만의 독특한 이성이 있다.

In a man's mind, there is a unique reason of its own that is different from that of a man.

129 우리는 이치로써만이 아니라 가슴을 통해서도 진리를 터득한다.

We learn the truth not only by reason, but also through our hearts.

130 진실은 언제나 우리의 가장 가까운 곳에 있다. 다만 사람들이 그것에 주의하지 않았을 뿐이다. 항상 진실을 찾아야 한다. 진실은 우리를 늘 기다리고 있다.
The truth is always in our nearest place. It's just that people didn't pay attention to it. You must always find the truth. The truth is always waiting for us.

함정에 빠지지 않는 법

삶을 살아가면서 좋은 일을 하는 것은 중요합니다. 그리고 그만큼 나쁜 일이나 실수를 피하는 것도 매우 중요한 부분을 차지합니다. 인생에 도움을 주는 격언이나 명언은 인간이 가진 부도덕함, 혹은 살면서 저지를 수 있는 실수를 지적하는 경우도 많습니다. 이는 인생의 함정에 빠지지 않도록 도와줍니다. 파스칼 또한 인간이 가진 부족함을 지적했습니다.

131 결점이 많다는 것은 나쁜 것이지만 그것을 인정하지 않는 것은 더 나쁜 것이다.

A lot of faults are bad, but not admitting them is worse.

132 고뇌에 지는 것은 수치가 아니다.
쾌락에 지는 것이야말로 수치다.

Losing in agony is not a shame.
It's a shame to lose to pleasure.

133 남들로부터 칭찬을 바란다면 자기의 좋은 점을 늘어놓지 말라.

If you want to praise from others, don't give out your own good points.

134 사람은 자기의 탓이 아닌 외부에서 일어난 죄악이나 잘못에 대해서는 크게 분개하면서도 자기의 책임하에 있는 죄악이나 잘못에 대해서는 분개하지도 않고 싸우려고도 하지 않는다.

A man is deeply resentful of the sins and wrongs that are not his fault, but neither is he angry at the sins and wrongs he is responsible for, nor is he willing to fight them.

135 사람은 천사도 아니요, 짐승도 아니다. 그런데 불행한 것은 천사처럼 행세하려는 사람이 짐승처럼 행세하는 것이다.

Man is neither an angel nor a beast. But what is unfortunate is that he who tries to act like an angel acts like a beast.

136 악은 행하기 쉽다.
그리고 그 형태는 끝이 없다.
Evil is easy to do.
And the form is endless.

137 정의의 미명하에 폭력으로써 사람들을 복종시킨다면 그 어떠한 경우라도 사람들을 복종시킨 것이 정의라고 주장할 수 없다.

If people are subjected to violence in the name of justice, it cannot be argued that it is justice that has made them obey in any case.

138 누구나 결점이 그리 많지는 않다. 결점이 여러 가지인 것으로 보이지만 근원은 하나다. 한 가지 나쁜 버

릇을 고치면 다른 버릇도 고쳐진다. 한 가지 나쁜 버릇은 열 가지 나쁜 버릇을 만들어낸다는 것을 잊지 말라.

Not everyone has so many faults. It seems to have many faults, but the source is one. One bad habit is another. Don't forget that one bad habit creates ten bad habits.

139 인간은 자신에 관해서는 좀처럼 모르고 있기 때문에 많은 사람들은 건강한데도 죽어가는 듯이 생각하고, 또한 죽어가고 있는데도 건강하다고 생각한다.

Many people think they're healthy but they're dying, and they think they're healthy.

제2장

사유하는 인간에 대하여

—니체, 알베르 카뮈, 프로이트, 스피노자, 아우렐리우스

우리는 모두 희박한 가능성을 업고 태어납니다. 어머니의 뱃속에서 수정될 확률, 그 이전에 어머니와 아버지가 만날 확률, 그리고 부모님의 부모님, 먼 조상까지 거슬러 올라가면서 계산해 본다면 수학적으로 우리가 세상에 태어날 확률은 제로에 가깝다고 합니다.

우리들 각자는 0에 수렴하는 확률 속에서 세상에 캐스팅된 기적의 배우들입니다. 필연적으로 이 세상에 태어난 이상 인간은 자신의 배역을 충실히 이행할 필요가 있습니다. 그리고 그 배역에 대해 누구보다 치열하게 사유한 사상가들이 있습니다. 여러분은 무엇을 위해 살아간다고 생각하십니까?

인간적인 너무나 인간적인: 니체

Friedrich Wilhelm Nietzsche, 1844~1900

독일의 유명한 철학자 프리드리히 니체는 현실의 참혹함과 인간의 한계를 인정하면서도 각자의 삶을 주체적으로 이끌어 나가야 한다는 메시지를 남겼습니다. 그가 남긴 저서 중 〈인간적인 너무나 인간적인〉은 삶의 문제를 예리한 사상가의 눈으로, 그러나 지극히 인간적인 관점에서 간결하고 명쾌하게 그려내고 있습니다.

그렇지만 말년에는 정신병원에 입원하여 생애의 마지막 10년을 보냈고, 정신병 발작을 일으킨 후 완전히 정신 상실자가 되었습니다. 이때부터 어머니와 함께 예나에서 거주하다 어머니가 사망하자 누이동생이 니체를 바이마르로 옮겼고, 니체는 1900년 8월 25일 바이마르 정신병원에서 생을 마감합니다.

마치 영화와 같이 드라마틱한 삶을 산 그의 사유와 철학은 현대인에게도 많은 위안을 주고 있으며, 인생의 근본적인 물음을 던지는 많은 명언을 남겼습니다.

신은 죽었다, 인간을 해방하라

　니체의 명언 중 가장 유명한 명언은 바로 "신은 죽었다."입니다. 이에 대한 해석은 다양합니다. 그가 말하는 신은 기독교나 기타 종교에서 말하는 신에 국한되지 않습니다. 당시 사회에 만연했던 부조리한 관습, 논리 없는 군중 심리를 벗어나려는 취지라고 합니다. 그렇게 인간의 인간됨을 긍정하고, 기존의 규율을 무너뜨린 그의 철학을 접한 사람들은 그에게 '망치를 든 철학자'라는 별명을 붙였습니다.

140　나는 언제나 찬양 받기만 원하는 신을 믿을 수 없다.
　　　I cannot believe in a God who wants to be praised all the time.

141　근거 없이 지적인 원칙들에 습관이 드는 것을 우리는 신앙이라 부른다.
　　　The habit of intellectual principles without reasons is called faith.

142　정신병원을 태평하게 산책해 보면 믿음이 아무것도 입증하지 못함을 알 수 있다.

A casual stroll through the lunatic asylum shows that faith does not prove anything.

143 인간은 신이 저지른 실수에 불과한가? 아니면 신이야말로 인간이 저지른 실수에 불과한가?
Is man merely a mistake of God's? Or God merely a mistake of man's?

144 열정으로부터 견해가 생기고, 정신적 태만이 이를 신념으로 굳어지게 한다.
Out of passions grow opinions, mental sloth lets these rigidify into convictions.

145 신념은 감옥이다.
Convictions are prisons.

발상의 전환

운이 좋다고 믿는 사람은 자신에게 절대 불운이 닥치지 않는다고 믿는 사람이 아닙니다. 불운이 와도 삶을 비관하지 않는 사람입니다. 즉, 자신의 인생을 긍정적으로 바라보는 사람입니다. 간단하게 생각을 비틀면, 모두가 행운아라고 할 수 있습니다. 반대로 모두가 긍정적으로 바라보는 것도 때로는 비판적으로 보아야 진실을 볼 수 있습니다.

146 기억력이 나쁜 것의 장점은 같은 일을 여러 번, 마치 처음처럼 즐길 수 있다는 것이다.
The advantage of a bad memory is that one enjoys several times the same good things for the first time.

147 실제의 세상은 상상의 세상보다 훨씬 작다.
The real world is much smaller than the imaginary.

148 많이 생각하는 모든 것들은 문제가 된다.
Everything that one thinks about a lot becomes problematic.

149 이 세상은 권력에의 의지이다. 그 외에는 아무것도 없다.
This world is the will to power—and nothing besides!

150 지나친 생산성은 천재도 미치기 직전까지 몰고 갈 수 있다.

Excessive productivity can bring the most gifted man almost to madness.

151 언제까지나 제자로서만 머물러 있음은 스승에 대한 좋은 보답이 아니다.

One repays a teacher badly if one always remains nothing but a pupil.

152 춤추는 별을 잉태하려면 반드시 스스로의 내면에 혼돈을 지녀야 한다.

You need chaos in your soul to give birth to a dancing star.

153 희망은 모든 악 중에서도 가장 나쁜 것이다. 그것은 인간의 고통을 연장시키기 때문이다.

Hope in reality is the worst of all evils because it prolongs the torments of man.

끊임없이 의심하며 살아라

세상에 '원래 그런 것', '당연한 것'은 없습니다. 모든 현상에는 원인이 있고, 어떻게 생각하느냐에 따라 동전의 양면처럼 뒤집힐 수 있습니다. 코페르니쿠스가 처음으로 지동설을 주장할 수 있었던 까닭은 그가 천동설을 의심했기 때문입니다. 위대한 발견을 한 사람들은 모두 마음속에 '왜?'라는 질문을 지니고 삶을 탐구했기 때문에 성과를 이룰 수 있었습니다.

154 진실에 대한 탐구는 그 전까지 '진실'이라고 믿던 모든 것에 대한 의심으로부터 시작된다.
The search for truth begins with the doubt of all 'truths' in which one has previously believed.

155 지식인이라면 적을 사랑할 수 있을 뿐만 아니라 친구를 미워할 수도 있어야 한다.
The man of knowledge must be able not only to love his enemies but also to hate his friends.

156 강한 신념이야말로 거짓보다 더 위험한 진리의 적

이다.

Convictions are more dangerous enemies of truth than lies.

157 젊은이를 타락으로 이끄는 확실한 방법은 다르게 생각하는 사람 대신 같은 사고방식을 가진 이를 존경하도록 지시하는 것이다.

The surest way to corrupt a youth is to instruct him to hold in higher esteem those who think alike than those who think differently.

158 곧은 것은 한결같이 속인다.
진리는 하나 같이 굽어 있으며, 시간 자체도 둥근 고리다.

All that is straight lies.

All truth is crooked; time itself is a circle.

더 높은 곳을 향해 나아가기

목표를 세울 때 반드시 성공이 보장되어야 하는 것은 아닙니다. 계획한 목표를 모두 이루지 못하더라도 자신은 성장하기 때문입니다. 중요한 것은 안주하지 않는 것이라고 니체는 말합니다. 그는 대중을 뛰어넘어 한계에 끊임없이 도전하는 초인(Übermensch)을 철학적으로도 중요하게 생각했습니다.

159 초인이란 필요한 일을 견디어 나아갈 뿐만 아니라 그 고난을 사랑하는 사람이다.
The overman is a man who not only persevere in what is necessary, but also loves the hardships.

160 많은 것을 담고자 한다면, 하루는 백 개의 주머니를 가지고 있다.
When one has much to put into them, a day has a hundred pockets.

161 사람은 높이 올라갈수록, 날 수 없는 사람들에게는 작아 보이는 법이다.
The higher a man gets, the smaller he seems to those who cannot fly.

162 나를 믿어라. 인생에서 최대의 성과와 기쁨을 수확하는 비결은 위험한 삶을 사는 데 있다.

Believe me: the secret for harvesting from existence the greatest fruitfulness and greatest enjoyment is—to live dangerously.

163 철학의 시발점을 찾아가는 여정은 쓸모없다. 모든 것의 시작점에는 가공되지 않고, 다 형성되지 않았으며, 공허하고 추악한 것들만 있기 때문이다. 모든 것에서 중요한 것은 더 높은 단계에 있다.

The quest for philosophy's beginning is idle, for everywhere in all beginnings we find only the crude, the unformed, the empty, and the ugly. What matters in all things is the higher levels.

반항하는 인간: 알베르 카뮈

Albert Camus, 1913~1960

노벨문학상 수상자인 알베르 카뮈는 소설가이기도 하면서 실존주의를 외친 사상가였습니다. 〈이방인〉, 〈시지프스의 신화〉와 같은 작품에서 그의 철학적 사유를 느낄 수 있습니다. 그는 교통사고로 생을 달리했는데, 아이러니하게도 그는 생전에 "자동차 사고로 죽는 것보다 더 의미 없는 죽음은 상상할 수 없다."라는 말을 남긴 바 있고, 그의 철학처럼 사람 인생은 어떻게 될지 모르는 반항하는 인간임을 스스로 증명했습니다.

카뮈는 전쟁, 정치적으로 혼란스러운 사회를 겪으며 인간의 부조리에 대해 치열하게 써내려갔습니다. 그는 삶이 얼마나 무의미한 것인지, 그리고 그 무의미 너머에 어떤 것이 있는지 탐구했습니다. 그의 말에 집중해 보면, 인생의 참된 알맹이에 한층 더 가까워질 수 있을 것입니다.

온 힘을 다해 살아내다

카뮈의 철학에 의하면, 우리가 사는 삶은 결국 무거운 바위를 언덕 정상까지 굴리며 올라가는 일을 반복해야 하는 시지프스의 삶입니다. 바위가 다시 아래로 굴러갈 것을 알면서도 언덕을 오르는 시지프스처럼, 인간은 자신이 죽을 것을 알면서도 살아갑니다. 그는 온 힘을 다해 반항하는 인간을 긍정했고, 그만큼 생활에 쏟는 노력을 굉장히 중요하게 여겼습니다.

164 어떤 사람들은 단지 평범해지기 위해서 무한한 에너지를 소비하지만, 어느 누구도 그것을 알지 못한다.
Nobody realizes that some people expend tremendous energy merely to be normal.

165 노력은 항상 이익을 가져다준다. 성공하지 못한 사람들에게는 항상 게으름의 문제가 있다. 노력은 결코 무심하지 않다. 그 만큼의 대가를 반드시 지급해준다. 성공을 보너스로 가져다준다. 비록 성공하지 못했을지라도 깨달음을 준다.

성공하지 못한 사람의 공통점은 게으름에 있다. 게

으름은 인간을 패배하게 만드는 주범이다. 성공하려거든 먼저 게으름을 극복해야 한다.

Efforts always bring benefits. There is always a problem of laziness for those who are unsuccessful. Efforts are by no means casual They must pay such a price. Bring success as a bonus It is enlightening, even if it is not successful.

The commonality of unsuccessful people lies in laziness. Laziness is the main culprit behind human defeat. If you want to succeed, you must overcome your laziness first.

166 인간이란 죽는 것이다.
그러나 반항하면서 죽어야 하겠다.
Man is mortal.
But I must rebel and die.

167 인생은 건축해야 할 대상이 아니라 불태워야 할 대상이다.
Life is not something to be built but something to be burned down.

168 자기 자신을 죽일 수 없는 한, 사람은 인생에 관하여 침묵을 지켜야 한다.

As long as one cannot kill oneself, one must remain silent about life.

169 자살이란 자신의 인생에 가치가 없다는 것을 고백하는 것이다.

Suicide is a confession that one's life is worthless.

170 희망은 우리가 믿는 것과는 반대로 체념과 같은 것이다. 삶을 체념하지 않는 것이다.

Hope is a resignation as opposed to what we believe. It's about not giving up your life.

경험이 행복을 부른다

우리의 인생은 끝까지 일직선으로 뻗은 길이 아니라 끊임없이 굴곡진 길입니다. 힘들이지 않고 올라간 산꼭대기에서 바라보는 풍경은 과연 힘들게 올라간 사람이 보는 풍경과 같을까요? 희망과 절망은 빛과 그림자가 서로 공존하는 것처럼 떼어놓을 수 없는 존재입니다. 카뮈는 인생에서 겪을 수 있는 수많은 경험들을 중요하게 여겼습니다. 경험의 폭이 넓어질수록, 행복은 가까워집니다.

171 나는 가난 속에서 자유를 배웠다.
I learned freedom in poverty.

172 삶에서 절망을 경험하지 않고는 삶을 사랑할 수 없다.
There is not love of life without despair about life.

173 사람들은 경험을 당한다. 경험을 당하고 나면, 사람은 유식해지는 것이 아니라 노련해진다.
경험은 어리석은 사람들의 교사이다.
경험은 과학의 어머니다.
경험은 길을 안내해 주는 램프이다.
People are experienced. After an experience, a person is trained, not educated.
Experience is a teacher of foolish people.
Experience is the mother of science.
Experience is a lamp that guides the way.

174 여행은 무엇보다도 위대하고 엄격한 학문과도 같은 것이다.

Travel is, above all, a great and rigorous study.

175 행복이란 무엇인가를 찾아 헤맨다면 당신은 절대 행복할 수 없을 것이다. 그리고 삶의 의미를 찾아 헤맨다면 당신은 절대 삶을 살지 못할 것이다.

You will never be happy if you continue to search for what happiness consists of. You will never live if you are looking for the meaning of life.

176 행복하기 위해서는 절대 다른 사람들을 너무 의식해서는 안 된다.

To be happy, we must not be too concerned with others.

카뮈가 말하는 자유와 죽음

죽음은 카뮈의 사상 중심을 이루는 중요한 개념입니다. 인생이라는 문장의 끝에는 항상 죽음이라는 마침표가 비석처럼 세워집니다. 인류는 아주 오래 전부터 죽음에 대해 끊임없이 탐구했고, 죽음 이후를 상상하거나 죽음을 두려워해 왔습니다. 하지만 아이러니하게도 죽음이 있기 때문에 삶은 더 소중해집니다. 우리는 죽음에서 자유롭지 못하지만, 적어도 삶 속에서는 자유롭게 살 의지를 가질 수 있습니다.

177 자유란 단지 좀 더 발전할 수 있는 기회일 뿐이다.
Freedom is nothing but a chance to be better.

178 인간에게는 제각기 다른 운명이 있다고 할지라도 인간을 초월한 운명은 없다.
There is no destiny that transcends human beings, even if there are different destiny in each.

179 나는 죽음이 또 다른 삶으로 인도한다고 믿고 싶지는 않다. 그것은 닫히면 그만인 문이다.
I don't want to believe that death leads to another life. It's a door of its own when it's closed.

180 병은 죽음에 대한 수련이다. 그 수련의 첫 단계는 자신에 대한 연민의 감정이다. 병은 죽음에 대한 확신

을 기피하려는 인간의 엄청난 노력을 도와준다. 병을 통해서 인간은 성숙하게 된다. 병을 통해서 인간은 죽음 저 편의 세계를 깊이 묵상할 수 있게 된다. 그러므로 병을 두려워하지 말고 똑바로 응시하여 그것이 전해 주는 메시지를 귀담아 들어야 한다.

Illness is the training for death. The first stage of the training is a feeling of compassion for oneself. Illness helps human efforts to avoid certainty of death. Through disease, humans mature. Illness enables us to contemplate the world beyond death. Therefore, don't be afraid of illness and look straight at it and listen to the message it delivers.

한없이 작은 인간의 깨달음

근거 없는 자신감은 자만일 뿐입니다. 생각보다 많은 사람들이 자신의 능력을 실제보다 과대평가하여 자신의 능력에 맞지 않는 일까지 하게 되는 성향을 가지고 있습니다. 그렇게 되면 좋은 결과를 기대하기 어려워집니다. 인간도 마찬가지입니다. 자신의 존재가 얼마나 작은지 깨닫고 나면, 삶의 태도가 더 신중해지기 마련입니다.

181 용기가 없는 사람은 항상 용기가 없는 것을 해명하기 위한 철학을 찾는다.
Those who lack the courage will always find a philosophy to justify it.

182 세상에 존재하는 악은 태반이 거의 무지에서 유래되는 것으로 양식(良識)이 없으면 착한 의지도 악의와 마찬가지로 많은 피해를 줄 수 있다.
The evil that exists in the world comes from almost ignorance, and without good sense, good will can do as much damage as evil.

183 때로는 진실은 빛과 같이 눈을 어둡게 한다. 반대로 거짓은 아름다운 저녁노을과 같이 모든 것을 아름다워 보이게 한다.
Truth darkens the eyes like light. Conversely, falsehood makes everything look beautiful, like a beautiful sunset.

꿈과 무의식의 사유: 프로이트

Sigmund Freud, 1856~1939

오스트리아의 생리학자, 정신병리학자, 정신분석의 창시자. 프로이트는 인간의 행동이 합리적으로만 이루어지는 것이 아니라고 주장했으며, 우리의 마음 깊숙한 곳에 숨어 있는 무의식이 행동과 정서를 규정한다고 단언했습니다.

꿈을 통해 정신분석을 시도하고, 우울증과 히스테리 등 정신병리를 설명한 그는 인간의 원초적 본능과 건강한 정신에 대해 깊이 사유했습니다. 나아가 남자아이의 경우에는 어머니에게 성적 욕망을 느끼고 아버지에게 거세 공포를 느끼는 이른바 '오이디푸스 콤플렉스'의 시기가 있으며, 여자아이의 경우에는 '남근 선망'을 느낀다고 주장해서 후자의 주장은 종종 페미니즘 진영으로부터 비난을 받기도 했습니다.

그가 남긴 어록들은 인간 내면 깊숙한 속마음의 진실에 대해 탐구할 기회를 만들어 줄 것입니다.

인간의 본능과 감정, 그리고 욕망

세상에는 칭찬중독자들이 많습니다. 자신의 욕망을 제대로 돌아본 경험이 없기 때문에 타인의 인정에 유난히 목말라 하는 것입니다. 이는 어렸을 때의 상처가 자신도 모르게 남아 있어서 생기는 현상일 수도 있습니다. 정신분석학의 기둥을 세운 프로이트는 인간이 가진 본능과 감정, 그리고 욕망에 대해 말합니다. 괴로운 감정의 뿌리를 찾아볼까요?

184 공격하려는 성향은 인간의 타고난 본성이다. 공격성은 인간에게 있어서 독립적이며, 본능적인 기질이다. 그리고 그 성향은 인간의 지적 활동을 강력히 방해한다.

The predisposition to attack is the innate nature of man. Aggression is an independent, instinctive temperament to man. And the tendency strongly hinders human in-tellectual activity.

185 생각이란 그 근원이 어디인지 알 수 없는 곳에서 갑자기 떠오르는 것이다. 우리는 그 생각의 뒤를 추적해갈 수도 없다.

Thinking is a sudden rise from a place where you don't know where the source is. We can't even track down the idea.

186 표현되지 않은 감정은 죽어 없어지는 게 아니다. 감정이 살아서 묻히게 되면 나중에 더 괴상한 모습으로 다시 나타난다.

Unexpressed feelings are not lost in death. When emotions are buried alive, they reappear in a more bizarre form.

187 꿈은 인간이 가장 흥분해 있을 때 대개 심원하며 깊다.

Dreams are usually deep and deep when humans are most excited.

188 욕망과 성의 충동이 인간 행동의 두 가지 동기이다.

Desire and sexual urges are two motives for human behavior.

189 우리들의 깊은 마음속에는 어떤 강력한 힘이 있다.

그것은 우리의 의식과 별개의 것으로, 끊임없이 활동을 계속하여 사고와 감정과 행동의 근원이 된다.

There is some powerful force in our hearts. It is separate from our consciousness, constantly continuing to be a source of thought, emotion and action.

190 네 자신의 영혼을 깊이 바라보라. 그리고 먼저 네 자신에 대해서 배워라. 그 후 너는 이 질병이 왜 너에게 나타났는지 이해할 수 있게 될 것이다. 그리고 아마도 너는 그 시점부터 질병에 걸리는 것을 피할 수 있을 것이다.

Look into the depths of your own soul and learn first to know yourself, then you will understand why this illness was bound to come upon you and perhaps you will thenceforth avoid falling ill.

191 마음은 빙산과 같다. 마음은 물 위에서 그것 자신의 크기의 7분의 1만 모습을 드러내고 떠 있다.

The mind is like an iceberg, it floats with one-seventh of its bulk above water.

의미 있는 인생과 사랑

여러분의 인생에는 여러분이 사랑하는, 혹은 여러분을 사랑하는 사람들이 얼마나 있습니까? 사랑은 정신적으로 굉장히 큰 영향을 끼치는 소중한 감정 중 하나입니다. 어렸을 적 가족들에게 받은 사랑은 무엇보다도 인생을 건강하게 만들어줍니다. 꼭 가족이 아니더라도, 안정적인 관계는 인생의 큰 선물입니다. 그렇다면 사랑은 어떻게 인생을 의미 있게 만들어 줄까요?

192 사랑하고 일하라. 일하고 사랑하라. 그것이 삶의 전부다.

Love and work. Work and love. That's the whole life.

193 엄밀한 의미에서 행복이란 극한적으로까지 억제되어 있던 욕망이 어느 순간 갑자기 충족되었을 때 생기는 것이다.

What we call happiness in the strictest sense comes from the (preferably sudden) satisfaction of needs which have been dammed up to a high degree.

194 인생에 대한 의문은 무한이라고 해도 좋을 만큼 제출되었지만, 아직까지 대답이 주어진 일은 없다. 그처럼 답은 결코 허용되지 않는 모양이다.

The question of life has been submitted to the point of infinity, but no answer has been given yet. As such, the answer seems to be never allowed.

195 사람들은 힘과 성공과 돈 같은 그릇된 기준으로 삶의 가치를 측정한다.
그리고 그들의 그릇된 기준에 이른 다른 사람들을 칭찬한다.
그리고 그들이 삶을 살아가는 동안 진실로 귀중한 가치들은 과소평가된다.

The impression forces itself upon one that men measure by false standards, that everyone seeks power, success, riches for himself,
and admires others who attain them, while undervaluing the truly precious thing in life.

196 가족들에게 사랑받은 사람은 성공자의 기분을 일생 동안 가지고 살며, 그 성공에 대한 자신감은 그를 자

주 성공으로 이끈다.

A loved one by his family lives with the feelings of success throughout his life, and his confidence in success often leads him to success.

197 그대가 지적 노동과 정신 활동으로부터 충분한 쾌락을 끌어낼 줄 알게 된다면 운명도 그대를 어쩌지 못할 것이다.

Fate will do you no harm if you know that you can draw enough pleasure from intellectual labor and mental activity.

198 우리는 사랑하고 있을 때만큼 고통에 무방비 상태가 될 때도 없고, 사랑하는 대상을 잃거나 그 대상의 사랑을 잃었을 때만큼 무력하게 불행할 때도 없다.

We are not so helplessly unhappy as when we are in love, nor when we lose the object we love or the love of it.

인간 본성을 파악하고 무리를 이끌다

냉정한 철학자들의 말에 따르면 인간은 우리가 생각하는 것보다 더 이기적이고, 폭력적인 본성을 지니고 있습니다. 그리고 이런 심리에 대해 제대로 성찰해 본 사람이 진정한 리더로서 관계를 이끌어나갈 수 있습니다. 인간이 모여 이루어낸 문명, 우리 사회에 만연한 군중 심리를 어떤 시선으로 바라보아야 안정적인 관계를 가질 수 있는지 프로이트의 말과 함께 천천히 생각해 보는 건 어떨까요?

199 이기주의자란 자기도 이기주의자일 수 있다는 생각을 전혀 해 보지 않은 사람이다.
Egoist is a man who has never thought he could be a selfish.

200 사람은 비판에는 저항하지만, 칭찬에는 무력하다.
One resists criticism, but is impotent in praise.

201 누구든지 사랑을 하게 되면 겸손하게 된다. 사랑을 하는 사람들은, 말하자면, 자아도취증의 일부분을 저당 잡힌 것이다.

Whoever loves becomes humble. Those who love have, so to speak, pawned a part of their narcissism.

202 실패를 거듭하다보면 비로소 진실의 전모를 알게 된다.

It is only after repeated failures that we know the full truth.

203 우리는 세 방향에서 오는 고통으로부터 위협받는다: 첫째로 우리는 우리 자신의 육체로부터 고통받는다. 고통과 불안이 경계신호를 보내지 않으면 부패하여 썩어 없어질 운명의 육체로부터 고통받는다.

We are threatened with suffering from three directions: from our own body, which is doomed to decay and dissolution and which cannot even do without pain and anxiety as warning signals.

204 둘째로 우리는 외부 세계로부터 고통받는다. 압도적이고 무자비한 파괴의 힘으로 우리를 덮칠지도 모르는 외부 세계로부터 고통받는다.

From the external world, which may rage against us with overwhelming and merciless forces of destruction.

205 마지막으로 우리는 우리와 다른 사람들과의 관계로부터 고통받는다. 최후의 근원으로부터 온 그 고통은 아마도 어떤 다른 고통보다도 고통스러운 것이다.
And finally from our relations to other men. The suffering which comes from this last source is perhaps more painful than any other.

206 화가 난 사람에게 돌 대신 말을 던짐으로써 문명이 시작되었다.
Civilization began by throwing a word instead of a stone at an angry man.

207 인류의 공동생활은 어떤 개인보다 강한 집단을 이루고 모든 개인에 대항하여 결속을 유지할 때에만 가능하다. 개인의 힘이 "폭력"으로 비난받는 반면, 공동체의 힘은 이 폭력과 대항하는 "정의"로 여겨진다.

Human life in common is only made possible when a majority comes together which is stronger than any separate individual and which remains united against all separate individuals. The power of this community is then set up as "right" in opposition to the power of the individual, which is condemned as "brute force."

삶을 긍정하는 자세: 스피노자

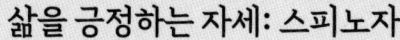

네덜란드의 철학자. 그는 그의 자유주의 사상 때문에 유태교회에서 파문당했습니다. 인간에게는 신이 내린 인생의 목적이 있다는 종교의 가르침이 오히려 진정한 삶을 소멸시킬지도 모른다고 주장했기 때문입니다. 최상의 목적을 이루지 못한 지금의 삶은 열등한가? 미완성인가? 하는 의문을 가진 스피노자는 위와 같은 편견을 교정해서 삶을 긍정하게 만든 철학자입니다.

반면 유신론자들에게는 "신을 모독한 저주받을 무신론자"로 비난받아야 했고 그 때문에 처절한 고독과 빈곤 속에서 과로로 인한 폐병을 앓다가 44세를 일기로 일찍 삶을 마감했습니다.

삶은 살기 위해 만들어진 것이며, 삶의 주인은 인간의 이성이라는 스피노자의 사상으로부터 우리는 이성적 사고의 지혜를 배울 수 있습니다.

진정한 자유가 행복을 준다

우리는 통제할 수 없는 것에 대해 무기력감을 느낍니다. 다른 사람, 주변 상황, 자신의 감정 등 마음대로 되지 않는 것이 너무 많습니다. 그런 것에 대해 탓하기만 한다면 우리는 단 하루도 행복하게 살 수 없습니다. 이때 불평을 멈추고, 스스로 책임질 수 있는 일에 집중해 보는 건 어떨까요? 감정을 완벽히 통제하기란 불가능하지만, 이성적인 사고는 자유를 줍니다.

208 나는 이성에 의해서만 움직이는 사람을 자유인이라 부른다.
I call him free who is led solely by reason.

209 인간이 획득할 수 있는 가장 고결한 행동은 이해하기 위한 배움이다. 이해하면 자유로워지기 때문이다.
The highest activity a human being can attain is learning for understanding, because to understand is to be free.

210 자유는 과학과 인문학의 발전을 위해 필수불가결하다.

Freedom is absolutely necessary for the progress in science and the liberal arts.

211 자유인이란 죽음보다 삶에 대해 더 많은 것을 생각하는 사람이다.
A free man is someone who thinks more about life than death.

212 모든 행복과 불행은 오로지 우리가 애정을 느끼는 사물의 질(質)로부터 비롯된다.
All happiness or unhappiness solely depends upon the quality of the object to which we are attached by love.

213 행복은 미덕의 보상이 아닌, 미덕 그 자체이다.
Blessedness is not the reward of virtue but virtue itself.

오만함을 버려라

능력이 떨어지는 사람일수록 자신의 능력을 지나치게 과대평가하고, 능력이 출중한 사람은 자신의 능력을 과소평가하는 경향이 있습니다. 일을 못하는 사람이 자신의 능력을 실제보다 높게 잡는 반면, 잘하는 사람은 자신의 상황을 엄격한 시각으로 평가하기 때문에 스스로를 과신하기보다는 부족함에 초점을 맞춥니다. 자만심은 함정에 빠지기 쉽게 만드는 법입니다.

214 자만은 인간이 자신을 과대평가하는 데에서 생기는 기쁨이다.
Pride is pleasure arising from a man's thinking too highly of himself.

215 최고가 되고 싶지만 최고가 아닌, 자만한 사람만큼 아첨에 잘 넘어가는 사람은 없다.
None are more taken in by flattery than the proud, who wish to be the first and are not.

216 명성에는 이런 큰 단점도 있는 바, 바로 우리가 그것을 좇을수록 다른 이들의 비위를 맞추는 데 우리 인생을 경주해야 한다는 것이다.
Fame has also this great drawback, that if we pursue it, we must direct our lives so as to please the fancy of men.

217 새로운 발상에 놀라지 마라. 다수가 받아들이지 않는다고 해서 더 이상 진실이 아니지는 않다는 것을 잘 알지 않는가.

Be not astonished at new ideas; for it is well known to you that a thing does not therefore cease to be true because it is not accepted by many.

218 최대의 교만이나 최대의 낙담은 스스로에 대한 최대의 무지다.

The greatest pride, or the greatest despondency, is the greatest ignorance of one's self.

219 허영심이 강한 인간은 오만하며, 실제로는 모두에게 골칫거리임에도 불구하고 만인이 자신에게 호감을 느낀다고 착각하기 마련이다.

It may easily come to pass that a vain man may become proud and imagine himself pleasing to all when he is in reality a universal nuisance.

이성적인 삶의 지혜

스피노자는 인간의 행복과 자유를 이성에서 찾아내려 노력했습니다. 이성적인 삶이란 합리적인 사고로 자신의 행동에 책임질 수 있는 삶의 방식입니다. 그것은 곧 삶의 지혜가 됩니다. 철학이란 결국 사람이 어떻게 하면 만족스러운 인생을 살 수 있는지 연구하는 학문입니다. 자유주의자 스피노자는 지혜롭게 삶의 난관을 넘어갈 수 있는 다양한 방법에 대해 말했습니다.

220 진정한 미덕은 이성이 인도하는 삶이다.
True virtue is life under the direction of reason.

221 현재가 과거와 다르길 바란다면 과거를 공부하라.
If you want the present to be different from the past, study the past.

222 세 사람이 한 자리에 모이면 그 의견이 모두 다르다. 비록 당신의 의견이 옳다고 하더라도 무리하게 남을 설득시키려고 하는 것은 현명하지 않다. 모든 사람들은 설득 당하기를 싫어하기 때문이다.

의견이란 못질과 같아서 두들기면 두들길수록 자꾸 앞이 들어갈 뿐이다. 진리는 인내와 시간이 절로 밝혀질 것이다.

When the three get together, they all disagree. It is not wise to try to persuade others, even if your opinion is correct. Because everyone doesn't want to be persuaded. Opinions are nosy and the more you beat, the more you get in front. Truth will turn out to be patience and time.

223 두려움은 희망 없이 있을 수 없고 희망은 두려움 없이 있을 수 없다.

Fear cannot be without hope nor hope without fear.

224 무엇이든 자연에 반하는 것은 이성에 반하는 것이며 이성에 반하는 그 모든 것은 불합리하다.

Whatsoever is contrary to nature is contrary to reason, and whatsoever is contrary to reason is absurd.

황제의 철학: 아우렐리우스

Marcus Aurelius Antonius, 121~180

스토아학파의 철학자이며 로마 황제. 그의 저서 〈명상록〉은 격무에 시달리는 황제로서의 사상과 경험을 토대로 쓴 에세이로, 인간 아우렐리우스의 고뇌가 나타나 있습니다. 그는 모든 것이 마음가짐에 달려 있다고 말하며, 인간이란 이성을 가진 존재이기 때문에 어떠한 외부의 자극이나 압력에도 굴하지 않을 수 있으며 평정을 누릴 수 있는 존재라고 말했습니다.

마르쿠스 아우렐리우스는 동시대에도, 현재까지도 역대 로마 황제 중에서 가장 탁월하고 가장 고결한 황제로 평가받고 있습니다. 그는 정신적 스승이었던 에픽테토스, 세네카와 함께 스토아학파를 대표하는 철학자이며, 금욕과 절제를 주장하였으며 수많은 어록을 남겼습니다. 전쟁터에서 쓴 그의 명상록은 로마 스토아 철학의 대표적인 책으로 삶과 사유에 대한 통찰을 제공합니다.

강한 정신을 가진 자, 행복을 누린다

행복은 저절로 얻어지거나 거저 주어지는 것이 아닙니다. 아무런 노력을 하지 않는 사람에게 행복의 열매는 열리지 않습니다. 계속되는 고난 속에서 무슨 행복을 찾느냐고 반박하는 사람도 있습니다. 하지만 끝이 없는 고난은 없고 그 고난을 견뎌냈을 때 비로소 진정한 행복을 느낄 수 있습니다. 행복은 외부의 절대적 상황이 아니라 내부의 상대적 상황입니다.

225 행복한 삶을 만들려고 애쓸 필요는 거의 없다. 모두 당신 안에 있다. 당신이 어떻게 생각하느냐에 달렸다.

There is little need to try to make a happy life. It's all in you. It depends on what you think.

226 세계는 변화다; 우리의 인생은 우리의 생각들이 결정한다.

The universe is change; our life is what our thoughts make it.

227 우리의 마음은 우리가 자주 품는 생각으로 물들게 마련이다.

Our minds are bound to be stained with ideas that we often hold.

228 미래가 그대를 불안하게 하지 말라. 해야만 한다면 맞게 될 것이다. 현재에 맞서 오늘 그대를 무장시키는 이성이라는 동일한 무기가 함께 할 것이다.

Never let the future disturb you. You will meet it, if you have to, with the same weapons of reason which today arm you against the present.

229 인생에서 육신이 쓰러지기 전에 정신이 먼저 굴복한다는 것은 치욕이다.

It is disgraceful that the mind succumbs first before the body collapses in life.

230 다른 사람의 마음을 잘 몰라도 그렇게 불행하지는 않다. 하지만 자기 마음을 모르면 불행해진다.

I don't know what other people think, but I'm not so unhappy. But if you don't know your mind, you be–

come unhappy.

타인과 감정을 대하는 자세

인간은 사회적 동물입니다. 우리는 모두 타인과 관계를 맺으며 살아가면서, 그 관계가 주는 느낌과 마음에서 우러나오는 감정을 느낍니다. 기쁠 때도 있지만, 슬프거나 화가 날 때도 있는 것이 우리의 마음입니다. 감정을 어떻게 받아들이고 조절해야 사람들 사이에서 현명한 선택을 하며 더불어 살아갈 수 있을지 고민해 본 적이 있으십니까?

231 그대의 마음을 즐겁게 만드는 비결은 함께 사는 사람들의 장점을 떠올리는 일이다.
The secret to pleasing your mind is to conjure up the strengths of the people who live together.

232 자신과 조화를 이루며 사는 사람은 우주와도 조화를 이루며 산다.
People who live in harmony with themselves live in harmony with the universe.

233 지독히 화가 날 때에는 떠나간 사람을 떠올리며 삶이 얼마나 덧없는가를 생각해 보라.

When you are terribly angry, think of the person who has left and think about how fleeting life is.

234 분노의 이유보다 분노의 결과가 얼마나 더 무거운지!

How much more grievous are the consequences of anger than the causes of it.

235 자신의 악을 고치려 하지 않고 남의 악에 간섭하는 자는 어리석다.

He who does not try to cure his own evil and interferes with others' evil is foolish.

236 최고의 복수는 상처를 준 사람을 닮지 않는 것이다.

The best revenge is not to resemble the person who hurt them.

237 당신이 영원히 간직할 수 있는 부(富)는 당신이 누군가에게 선물한 부다.

The wealth you can keep forever is the wealth you gave someone.

238 당신이 어떤 사람의 염치없는 행동 때문에 화가 나면 이렇게 자문해 보라. '이 세상에 염치없는 사람이 존재하지 않을 수 있는가?' 그것은 불가능하다. 그렇다면 불가능한 일을 기대하지 말라. 이들도 꼭 있어야 할 사람들이라는 것을 깨달으면 그들에게 보다 관대해질 수 있다. 자연은 우리에게 악행뿐만 아니라 그에 반대되는 미덕도 같이 주었으니, 무례한 사람을 위해서는 친절을, 어리석은 사람을 위해서는 관용을 해독제로 준 것이다.

If you're upset about someone's shameless behavior, ask yourself: 'Can there be no mean man in this world?' That's impossible. Then don't expect the impossible. When they realize that they are also indispensable people, they can be more tolerant of them. Nature has given us not only evil deeds, but vice versa; kindness is given for the rude, and tolerance for the foolish as an antidote.

황제의 잠언

로마의 전성기의 끝자락을 지켰던 황제 아우렐리우스는 굉장히 소박했으며, 늘 자신을 성찰하고, 격무에 시달리는 생활 속에서도 사색을 멈추지 않는 성품을 가지고 있었습니다. 그만큼 그가 인생에 남긴 명언은 우리의 삶에도 근본적인 울림을 줍니다. 죽음, 지혜, 용기에 대한 그의 잠언은 인생을 살아가면서 큰 동기 부여가 될 것입니다.

239 죽음을 두려워할 게 아니라 진정한 삶을 시작하지 못하는 것을 두려워해야 한다.
One should not be afraid of death, but of not being able to start a real life.

240 죽음을 무시하기보다는 인정하라. 죽음 역시 자연의 섭리 중 하나이므로.
Think not disdainfully of death, but look on it with favor; for even death is one of the things that Nature wills.

241 위인이나 위인의 조건에 대한 논쟁으로 시간을 낭

비 말라. 스스로 위인이 되라.

Waste no more time talking about great souls and how they should be. Become one yourself!

242 진정한 장님은 눈이 먼 사람이 아니라 이성적인 판단에서 멀어진 사람이다.

A true blind man is not a blind man, but a man who is alienated from rational judgment.

243 무화과나무에 사과가 열리길 기대해서는 안 되듯이, 사람도 그 사람만의 그릇이 있다는 것을 명심하라.

Just as an apple should not be expected to open in fig trees, so keep in mind that a person has his or her own bowl.

244 매번 성공하지 못한다고 할지라도 바른 원칙을 세우고 실천하는 일을 포기하지 말라.

Even if you don't succeed every time, don't give up on building and practicing the right principles.

245 누가 알아주지 않는다고 해서 황금이 고유한 빛깔

을 잃는 법이 있더냐?

Has gold ever lost its own color just because someone didn't recognize it?

제3장

대문호들이 던지는 철학적 교훈

-괴테, 생텍쥐페리, 사르트르, 톨스토이, 칼릴 지브란

사람은 누구나 자유로운 존재가 되고 싶어 합니다. 하지만 현대인들은 내가 아닌 남이 되려고 노력하기 때문에 스스로를 구속하며 살고 있습니다. 세상의 제도와 규율, 다른 사람의 기준과 시선 등에 맞추어 살면서 정작 우리 자신을 잃어버리고 자유롭지 못한 삶을 살고 있는 것입니다.

자유로운 사람은 곧 강한 사람입니다. 문학 작품으로 세계에서 인정받은 대문호야말로 삶에 대한 깊은 사유를 예술로 승화시킴으로써 자유를 찾은 사람들입니다. 언어 예술을 생의 업으로 삼았던 그들이 남긴 명언은 인생을 아름답게 만들어 줍니다.

시대의 대문호가 말한다: 괴테

Johann Wolfgang von Goethe, 1749~1832

독일 문학의 최고봉으로서 독일 문학을 세계적인 수준으로 이끌어나간 시대의 대문호. 괴테는 〈파우스트〉, 〈젊은 베르테르의 슬픔〉 등의 작품으로 잘 알려져 있습니다. 또한 괴테는 무수한 여인들과 사귀면서 사랑에 대한 글을 많이 남겼습니다. 그를 연구하는 학자들은 그와 사귀었던 여인들도 같이 연구해야 괴테를 알 수 있다고 할 정도였습니다.

그 대표주자가 〈파우스트〉의 그레트헨과 〈젊은 베르테르의 슬픔〉의 샤를롯테 부프입니다. 그레트헨은 괴테가 십대 때 첫사랑이었고, 샤를롯테는 친구의 아내였습니다. 사랑이야말로 인생에 숨겨진 찬란한 보석이라고 할 만큼 로맨티스트였고, 그것은 그를 좀 더 낭만적으로 바라보게도 만들었습니다.

그러나 현실에서는 그는 삶에 깊은 고뇌와 사색을 했습니다. 또한 문학과 철학의 깊은 사색으로 덕분에, 인간본연의 가치를 숭고하게 만들 수 있는 통찰이 담긴 좋은 명언들을 후세에 남겼습니다.

현재에 대한 열정을 가져라

괴테는 시간에 대해 말합니다. 지금 이 순간 우리가 숨 쉬며 살아 있다면 가장 행복하게 누려야 할 순간은 바로 지금이라고 말입니다. 실체가 없는 희망은 현재나 미래를 크게 바꾸지 않습니다. 그러니 희망이 있어 행복한 것도 아니고, 희망이 없어 불행한 것도 아닙니다. 어떻게 될지도 모를 미래 때문에 현재를 고통스럽게 보내도 되겠습니까?

246   현재에 열중하라.
오직 현재 속에서만 인간은 영원을 알 수 있다.
Be absorbed in the present.
Only in the present can man know eternity.

247   30분이란 티끌과 같은 시간이라고 말하지 말고, 그 동안이라도 티끌과 같은 일을 처리하는 것이 현명한 방법이다.
It is wise to deal with a dusty business in the meantime, not to say that half an hour is the same time as dust.

248   순간은 참으로 아름답다. 내가 하고 싶은 것을 위해

공부하고, 일하고, 노력하는 이 순간이야말로 영원히 아름답다.

순간이 여기 있으리라. 내가 그와 같이 지낸 과거의 날들은 영원히 없어지지 않으리라. 이러한 순간에야말로 나는 가장 큰 행복을 느낀다.

The moment is truly beautiful. This moment of studying, working and trying for what I want to do is forever beautiful.

The moment will be here. The days of the past I have spent with him will never go away. At this moment, I feel the greatest happiness.

249 모든 것은 젊었을 때 구해야 한다. 젊음은 그 자체가 하나의 빛이다. 빛이 흐려지기 전에 열심히 구해야 한다. 젊은 시절에 열심히 찾고 구한 사람은 늙어서 풍성하다.

Everything must be saved when young. Youth is itself a light. You have to work hard to get the light before it gets cloudy. The man who sought and sought hard in his youth is rich in old age.

250 시간이 언제나 당신을 기다리고 있다고 생각지 말라! 게을리 걸어도 결국 목적지에 도달할 날이 있을 것이라는 생각은 잘못이다. 하루하루 전력을 다하지 않고는 그날의 보람은 없을 것이며, 동시에 최후의 목표에 능히 도달하지 못할 것이다.

Don't think time is always waiting for you! The idea that even if you walk lazy, there will eventually be a day to reach your destination is wrong. It will not be worth the day without every effort, and at the same time it will not be able to reach its final goal.

251 고통이 남기고 간 뒤를 보라!
고난이 지나면 반드시 기쁨이 스며든다.
Look after the pain left behind!
Joy is sure to permeate after hardships.

252 과거를 잊는 자는 결국 과거 속에 살게 된다.
Those who forget the past end up living in the past.

동기 부여가 부족할 때

작심삼일의 경험이 있으십니까? 무언가를 처음으로 시작하기 위해서는 제대로 된 마음가짐이 필요합니다. 마땅히 하는 일도 없고, 일을 시작하지도 못한 상태로 시작할 일을 헤아리며 스스로를 위로하는 것은 잘못된 선택입니다. 시작하지 못한 일들은 실패한 일들보다 더 나쁩니다. 아무것도 아니기 때문입니다. 괴테는 이런 마음에 열정을 불어넣어주는 말을 했습니다.

253 과오는 인간에게만 있다. 인간에게 있어서 과오는 자기 자신이나 타인, 사물에의 올바른 관계를 찾아내지 않은 데서 비롯된다. 과오나 허물은 일식이나 월식과 같아서 평소에도 그 모습을 나타내고 있으나 보이지 않다가, 비로소 그것을 고치면 모두가 우러러보는 하나의 신비한 현상이 된다.

There is only human error. To man, mistakes stem from not finding the right relationship to himself or others or things. When a mistake or error is like a solar eclipse or a lunar eclipse, but is not visible, it becomes a mysterious phenomenon that everyone looks up to.

254 마지막에 할 일을 처음부터 알고 있지 않으면 안 된다. 무엇이 만들어질 것인가는 처음부터 결정된다.
You must know from the beginning what to do at the end. What will be made will be decided from the beginning.

255 그대의 마음속에 식지 않는 열과 성의를 가져라. 당신은 드디어 일생의 빛을 얻을 것이다.
Have a constant heat and sincerity in your heart. You'll finally get the light of your life.

256 희망은 제2의 혼이다. 아무리 불행하다 하더라도 혼이 있으면 쉽게 가라앉지 않는다. 아무리 힘들다 하더라도 혼이 있으면 쉽게 좌절하지 않는다.
Hope is the second soul. No matter how unhappy you are, your soul doesn't sink easily. No matter how hard it is, it is not easy to be frustrated if you have a soul.

257 나는 인간이다. 그것은 싸우는 자라는 의미이다.
I am a human being. That means I am a fighter.

258 사람은 자신이 하는 일에 대하여 신념을 가져야 한다. 그리고 자신이 옳다고 확신하는 일을 실행할 만한 힘을 모두가 다 가지고 있는 법이다. 자신에게 그 같은 힘이 있을까 주저 말고 앞으로 나아가라.

A person should have faith in what he or she does. And everyone has the power to do what they believe is right. Don't hesitate to move forward if you have such power.

259 내가 가지고 있는 모든 지식은 조금만 노력하면 누구나 습득할 수 있지만, 나의 마음만은 오직 내 자신의 것이다.

All the knowledge I have can be acquired by anyone with a little effort, but my heart is only my own.

260 하늘은 어디에서나 푸르다는 사실을 알기 위해서 세계 일주 여행을 할 필요는 없다.

You don't need to travel around the world to know that the sky is blue everywhere.

지혜롭게 사람을 대하는 법

우리는 항상 가족, 직장 상사와 동료, 사업 파트너 등 가까이 있지만 잘 모르는 사람들과의 관계를 걱정합니다. 인간은 사회적 동물이기 때문에 주변 사람의 영향 속에서 살아갈 수밖에 없습니다. 좋은 사람들과 함께 있으면 좋아지고, 나쁜 사람들과 함께 있으면 나빠지는 법입니다. 이와 같은 어려움 속에서 어떤 태도로 더불어 살아가야 하는지 생각해 봅시다.

261 타인을 자기 자신처럼 존경할 수 있고, 자기가 하고 싶다고 생각하는 것을 타인에게 할 수 있다면, 그 사람은 참된 사랑을 알고 있는 사람이다. 그리고 세상에는 그 이상 가는 사람은 없다.
If you can respect others like yourself, and do to others what you think you want to do, then you know true love. And no one goes beyond that.

262 사람들은 누구나 친구의 품 안에서 휴식을 구하고 있다. 그곳에서라면 우리들은 가슴을 열고 마음껏 슬픔을 털어놓을 수 있기 때문이다.

Everyone is seeking rest in the arms of a friend. Because there we can open our hearts and share our sorrows to our heart's content.

263 남의 좋은 점을 발견할 줄 알아야 한다. 그리고 남을 칭찬할 줄도 알아야 한다. 그것은 남을 자기와 동등한 인격으로 생각한다는 의미를 갖는 것이다.
You must know how to find a person's good points. And you should know how to praise others. It means that you think of a person as your own personality.

264 누가 가장 행복한 사람인가? 남의 장점을 존중해 주고 남의 기쁨을 자기의 것인 양 기뻐하는 자이다.
Who is the happiest person? That person is a man who respects others' merits and is pleased as if he were his own.

265 누구나 자기가 최고라고 생각한다. 그래서 많은 사람들이 이미 경험한 선배의 지혜를 빌리지 않고 실패하며 눈이 떠질 때까지 헤매곤 한다.
이 무슨 어리석은 짓인가. 뒤에 가는 사람은 먼저 간

사람의 경험을 이용하여, 같은 실패와 시간낭비를 되풀이하지 않고 그것을 넘어서 한 걸음 더 나아가야 한다.

선배들의 경험을 활용하자. 그것을 잘 활용하는 사람이 지혜로운 사람인 것이다.

Everyone thinks he's the best. So many people wander around until they open their eyes, failing without asking for the wisdom of their seniors they have already experienced.

What a foolish thing to do. The one who goes behind must take advantage of the experience of the one who has gone first, not repeat the same failure and waste of time, but go a step further beyond it.

Let's take advantage of the experience of our seniors. It is a wise man who makes good use of it.

266 무식한 것을 두려워하지 말라.

허위의 지식을 가지고 있음을 두려워하라.

Don't be afraid of ignorance.

Fear that you have false knowledge.

267 반드시 진리가 구체화될 필요는 없다. 진리가 우리의 정신 속에 깃들이고 공감을 불러일으키고, 그리하여 종소리처럼 힘세고 자비롭게 공기 속에 울리기만 하면 충분하다.

Truth does not necessarily have to be materialized. It is enough that the truth dwells in our minds and evokes empathy, so that it may sound powerful and mercifully in the air like the sound of bells.

사랑이 곧 인생이다

관계를 신경 쓰는 것의 다음 단계는 바로 주변 사람들을 사랑하는 것입니다. 사랑이란 우리로 하여금 타인에게 관심을 쏟고, 배려하고, 다정한 태도를 보일 수 있도록 만들어주는 원동력입니다. 원만한 관계를 가지려면 곁에 있는 사람들을 있는 힘껏 사랑해야 합니다. 사랑은 수단이 아니기 때문에 목적이 없습니다. 이익을 바라지 않는 목적 없는 사랑이야말로 참된 사랑입니다.

268 나에게 혼자 낙원에서 살게 하는 것보다 더 큰 형벌

은 없을 것이다.

There will be no greater punishment for me than to let me live alone in the paradise.

269 사랑하는 것이 인생이다. 기쁨이 있는 곳에 사람과 사람 사이의 결합이 이루어진다. 사람과 사람 사이의 결합이 있는 곳에 또한 기쁨이 있다.

Love is life. Where there is joy, there is a bond between man and man. Where there is a bond between man and man there is also joy.

270 사랑이 없는 삶, 사랑하는 사람이 없는 생활, 그것은 하찮은 환등기가 비춰주는 '쇼'에 지나지 않는다. 나는 슬라이드를 잇달아 바꾸어 비춰보지만 어느 것을 본들 모두가 시시해서 다시 되돌려 놓고는 다음 슬라이드로 다급히 바꾸고는 한다.

Life without love, life without love, it's nothing more than a show that is lit by a trifling lantern. I try to change the slide one after the other, but all of you see it frivolously and quickly change it to the next.

삶의 낭만을 위해: 생텍쥐페리

Antoine Marie Roger De Saint Exupery, 1900~1944

프랑스의 작가. 비행사를 겸업하며 틈틈이 깊은 사유가 담긴 따뜻한 글을 썼습니다. 160여 개 언어로 번역되어 널리 사랑 받고 있는 〈어린 왕자〉는 한번쯤 읽어봤을 것입니다. 하늘을 사랑했고, 하늘에서 사라져간 생텍쥐페리는 지금도 많은 이들의 마음속에 살아 있습니다. 그가 소설 속에 숨겨 놓은 메시지는 삭막한 사막 같은 현대인의 가슴에 오아시스와도 같은 낭만을 선물합니다.

하지만 아이러니하게도 그의 사망에 관해서는 많은 논란이 있었다고 합니다. 그의 사인이 자살이었든, 타살이었든 그는 죽을 때까지 자유로운 파일럿이었다는 사실은 분명합니다. 어린왕자처럼 다른 곳으로 가기 위해 육체를 버리고 떠났을 뿐입니다. 그럼 "낭만자객" 생텍쥐페리가 남긴 삶에 사유가 담긴 명언들의 한번 만나볼까요?

사랑과 관계가 삶을 만든다

생텍쥐페리의 작품 속 어린 왕자는 수많은 장미 중에서도 자신이 직접 물을 주었던, 자신과 관계를 맺었던 장미만이 소중하다고 생각했습니다. 우리는 지금도 수많은 인연 속에 살아가고 있지만, 대부분의 인연은 흘려보냅니다. 인연을 잡아 보세요. 타인과의 관계에 소홀해지지 마세요. 소중한 인연은 서로 노력할수록 더 튼튼해지고, 어쩌면 삶의 지지대가 될 수 있습니다.

271 고립된 개인은 존재하지 않는다. 슬픈 자는 타인을 슬프게 한다.
There are no isolated individuals. The man who is sad makes others sad.

272 타인이 자신의 말을 온전히 이해하는 경우는 단 하나, 사랑의 기적이 일어났을 때만 가능할 뿐이다.
There is only one case in which another person fully understands what he or she says. It is only possible when the miracle of love occurs.

273 사랑을 받으려고만 하면 그 사랑은 오히려 더 가난해진다. 반대로 사랑을 주면 줄수록 더 크게 성장할 수 있다.

If you just try to be loved, the love becomes poorer. On the contrary, the more love you give, the bigger you can grow.

274 좋은 벗은 저절로 만들어지는 것이 아니다. 함께 겪은 추억, 어긋남, 화해, 갈등……. 우정은 이런 것들로 이루어진다.

A good friend is not made by itself. Memories, wrongs, reconciliation, conflict……. Friendship consists of these things.

275 육체가 쓰러지면 그전에는 깨닫지 못했던 것을 다시금 깨닫게 된다. 인간은 관계의 덩어리라는 것을, 오직 관계만이 인간을 살게 한다는 것을.

When the body collapses, it is reminded of what it had never realized before. That human being is a mass of relationships, that only relationships can lead to human life.

마음의 눈으로 보는 세상

사람은 누구나 자유로운 존재가 되고 싶어 합니다. 그리고 우리는 진정한 자신을 찾았을 때 세상에서 가장 강한 존재가 될 수 있습니다. 오직 자신만이 볼 수 있는 가치들을 찾아낼 수 있기 때문입니다. 우리는 다른 사람의 마음을 가질 수 없습니다. 따라서 누구나 자신만의 고유한 기준이나 가치관을 갖게 되는 겁니다. 마음을 열고 세상을 보면 비밀의 문이 열립니다.

276 "내 비밀은 바로 이거야. 정말 간단해. 마음으로 볼 때만 진정으로 볼 수 있어. 가장 중요한 것은 눈에는 보이지 않거든."

"Here is my secret. It is very simple: one sees well only with the heart. The essential is invisible to the eyes."

277 당신이 배를 만들고 싶다면, 사람들에게 목재를 가져오게 하고 일을 지시하고 일감을 나눠주는 일을 하지 말라.
대신 그들에게 저 넓고 끝없는 바다에 대한 동경심을 키워줘라.

If you want to build a ship, don't drum up the men to gather wood, divide the work and give orders.
Instead, teach them to yearn for the vast and endless sea.

278 누군가는 성공하고 누군가는 실수할 수도 있다. 하지만 이런 차이에 너무 집착하지 말라. 타인과 함께, 타인을 통해서 협력할 때에야 비로소 위대한 것이 탄생한다.

One man may hit the mark, another blunder; but heed not these distinctions. Only from the alliance of the one, working with and through the other, are great things born.

279 사막은 어딘가에 샘을 숨기고 있기에 더욱 아름다운 것이다.

What makes the desert beautiful is that somewhere it hides a well.

280 나는 오직 하나의 자유를 알고 있다. 바로 정신의 자유다.

I know but one freedom, and that is the freedom of the mind.

281 행복하게 여행하려면 가볍게 여행해야 한다.
He who would travel happily must travel light.

인생의 진실은 가까운 곳에 있다

아무리 짧은 삶을 살더라도 세상에 태어나 아무것도 하지 않은 사람은 없습니다. 어떠한 삶을 살더라도 세상에 태어난 사명을 다하는 것입니다. 지금 살아 있다면 사명을 수행하고 있는 것입니다. 하지만 그것을 모르고 사는 사람이 많습니다. 삶이 막막하십니까? 고개를 들어 가까운 의무부터 살피세요. 인생의 진실은 지금 주어진 일에 숨어 있습니다.

282 정해진 해결법 같은 것은 없다. 인생에 있는 것은 진행되고 있는 힘뿐이다. 그 힘을 만들어 내야 하는 것이다. 그것만 있으면 해결법 따위는 저절로 알게 되는 것이다.
There is no such thing as a set solution. All things in

life is the power that's going on. You have to create that power. With that, you'll find out the solution by itself.

283 우리가 두려움을 느낀다는 것은 참으로 미스테리한 일이다. 이보다 더 미스테리한 일은 없을 것이다. 인간들이 어두운 우물 안에 들어갔다가 나와서는 아무것도 발견한 게 없다고 말하는 것은 당연한 일이 아닌가.

It is a mystery that we feel fear. Nothing is more mysterious than this. Isn't it natural to say that humans entered the dark well and came out and found nothing?

284 사람이 된다는 것은 바로 책임을 안다는 그것이다. 자기에게 속한 것 같지 않던 곤궁 앞에서 부끄러움을 아는 그것이다. 돌을 갖다놓으면 세상을 세우는 데에 이바지한다고 느끼는 그것이다.

To be a person is to know responsibility. He knows shame in the face of trouble that he didn't seem to belong to. They feel that putting stones contributes to building the world.

285 계획 없는 목표는 한낱 꿈에 불과하다.

A goal without a plan is just a wish.

286 언어는 오해의 근원이다.

Language is the source of misunderstandings.

287 미래에 관한 한 그대의 할 일은 예견하는 것이 아니라 그것을 가능케 하는 것이다.

When it comes to the future, your job is not to predict but to make it possible.

288 누군가에게 길들여진다는 것은 눈물을 흘릴 것을 각오하는 것이다.

One runs the risk of weeping a little, if one allows himself to be tamed.

실존하는 고통에 대해: 사르트르

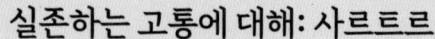

프랑스의 철학자이자 작가. "실존은 본질보다 앞선다."라고 주장하는 실존주의를 제창했으며, "문학에 등급을 매기는 것은 잘못"이라고 비판하며 1964년 노벨문학상 수상을 거절했습니다. 사범대학을 나와 교사 생활을 하는 동안 평생의 동반자 보부아르를 만나 제2차 세계대전 속에서 소설을 썼고, 레지스탕스 운동에 적극 가담했습니다.

앞서 다루었던 카뮈와 실존주의에 대해 논쟁을 벌이기도 했습니다. 전쟁을 겪은 그가 남긴 명언은 주로 고통을 면밀하게 고찰합니다. 그는 "담배 없는 삶은 살 가치가 거의 없다."라고 말할 만큼 골초였으며, 작가이자 페미니스트 철학자인 시몬 드 보부아르와 계약결혼을 한 일화로도 유명합니다. 두 지식인은 2년마다 계약을 갱신하며 51년을 함께 살았다고 합니다. 다음은 실존주의 철학의 대가가 남긴 통찰의 말들입니다.

불안과 허무를 받아들이다

　사르트르의 작품 중 〈구토〉라는 소설은 자신의 존재 자체에서 비롯되는 불안에 대해 이야기합니다. 세상에 완벽하게 긍정적인 사람은 없습니다. 가면을 쓰고 살아가는 사람이 많을 뿐입니다. 상처를 그냥 두면 곪듯이 부정적인 감정도 그냥 두면 곪아터질 수 있습니다. 내면의 부정적인 감정을 들여다보고 받아들여야 진짜 긍정적인 사람이 될 수 있습니다. 비관적인 생각을 무작정 부정하는 것보다는 사르트르처럼 깊이 살펴보는 것도 방법입니다.

289　불안이란 자유가 느끼는 현기증이다.
　　　Anxiety is a dizziness that freedom feels.

290　우리가 불안을 벗어날 수 없는 것은 확실하다. 바로 우리가 불안 그 자체이므로.
　　　It's clear that we can't get out of our anxiety. Because we are anxious.

291　인간이란 부질없는 열정이다.
　　　Man is a useless passion.

292 허무는 존재를 두렵게 한다.

Waste frightens existence.

293 모든 인간의 활동은 동등한 가치를 지닌다. 그리고 모든 것은 실패를 맞도록 되어 있다.

All human activities have equal value. And everything is supposed to be a failure.

294 나는 존재한다. 그것이 전부다. 그리고 내게 그것은 구역질을 불러일으킨다.

I exist. That is all. And to me, it evokes nausea.

더 나은 사회를 위해

현대인의 개인주의가 심화되면서, 사람들은 자신의 성공에만 매달리고 공익을 생각하지 않게 되었습니다. 이는 크게 비판받을만한 점이라고 할 수 있습니다. 사르트르는 사회가 인간으로 이루어졌으며, 인간은 사회에 대한 책임을 져야 한다고 말했습니다. 노벨문학상을 비판하고, 레지스탕스 운동에 참여하는 등 정치 및 사회 활동에 활발하게 참여한 그였기에 할 수 있었던 말이었습니다.

295 우리의 책임은 우리의 생각보다 훨씬 더 지대하다. 그것은 전 인류를 포괄하기 때문이다.
Our responsibility is far greater than we thought. That's because it covers the entire human race.

296 파시즘은 그 피해자의 숫자가 아니라 그 살인의 방법에 의해 정의된다.
Fascism is defined not by the number of victims but by the method of the murder.

297 부자들이 전쟁을 일으키면 결국 죽는 이들은 가난한 자들이다.
When rich people fight wars with one another, poor people are the ones to die.

삶이 곧 인생이다

본질보다 실존이 앞선다고 말한 사상가답게, 사르트르는

생활에 맞닿아 있는 인생 명언도 남겼습니다. 그의 말 중에는, 바쁜 삶을 살아가면서도 마음속에 굳은 심지처럼 지니고 있을 수 있는 문장들이 많습니다. 생활 속 가치관이 스며든 그의 문장을 읽다보면, 그가 어떤 삶을 통해 명예를 얻고 지금까지 많은 사람들의 인정을 받는지 알 수 있습니다.

298 약속은 말이 아니라 행동이다.
Commitment is an act, not a word.

299 혼자 있을 때 외롭다면, 친구를 잘 못 사귄 것이다.
If you are lonely when you're alone, you are in bad company.

300 자유란 당신에게 주어진 것을 갖고 당신이 실행하는 무엇이다.
Freedom is what you do with what's been done to you.

301 인생은 B(탄생)와 D(죽음) 사이의 C(선택)이다.
Life is C(choice) between B(birth) and D(death).

302 인간이란 자유롭도록 선고받은 존재이다. 일단 세

계에 던져지고 나면 그는 그가 하는 모든 일에 대해 책임이 있기 때문이다.

Human beings are condemned to freedom. Because once thrown into the world, he is responsible for everything he does.

절망을 딛고 일어서다

인생의 놀라운 사실 중 하나는, 우리가 고난이나 역경을 겪는다고 해서 삶에 대한 애정이 줄어들지 않는다는 것입니다. 오히려 삶을 더욱 열정적으로 살게 됩니다. 우울증의 주요 원인 중에는 공허감이 있습니다. 너무 쉽게 욕망을 이루면 공허가 찾아오기 마련입니다. 절망 속에 빠졌다고 해서 무조건 앞날을 비관해서는 안 됩니다. 지나간 절망은 희망이 될 수 있습니다.

303 삶은 절망의 다른 면에서 시작한다.
Life begins on the other side of despair.

304 절망과 함께 진정한 낙관주의가 시작된다. 아무것

도 기대하지 않고, 그가 아무런 권리가 없다는 것을 알며, 그에게 주어질 것은 결국 아무것도 없다는 것을 알면서도 오직 자기 자신을 믿으며 홀로 모든 것의 안녕을 위해 행동하는 것. 그것이 낙관주의이다.

True optimism begins with despair. To expect nothing, to know that he has no right, and to act alone for the well-being of all things, knowing that there is nothing to be given to him after all. That is optimism.

305 인간은 현재 가진 것의 합계가 아니라 아직 갖지 않았지만 가질 수 있는 것의 총합이다.

Man is not the sum of what he has already, but rather the sum of what he does not yet have, of what he could have.

306 과거란 가진 자의 사치이다.

The past is the luxury of the haves.

307 삶은 어떤 선험적 의미를 지니지 않는다. 삶에 의미를 주는 것은 바로 당신에게 달렸다. 그리고 가치란 당신이 선택하는 의미 외에 아무것도 아니다.

Life has no priori meaning. It's up to you to give meaning to life. And value is nothing but the meaning of your choice.

인간 내면의 본질: 톨스토이

Lev Nikolayevich Tolstoy, 1828~1910

러시아의 소설가이자 사상가. 주요 작품으로는 〈전쟁과 평화〉, 〈안나 카레리나〉, 〈부활〉 등이 있습니다. 19세기 러시아 문학의 거장으로 현재까지 회자되고 있는 톨스토이는 종교와 인생관, 육체와 정신, 죽음의 문제 등에 관한 자신만의 해답을 작품에 녹여냈습니다

또한 그는 여성의 심리의 대가라는 수식도 지니고 있는데, 이는 그가 어렸을 적부터 '숙모'라고 불리던 친척 여성에게 맡겨져 여성 형제들과 많은 시간을 지낸 선험적 효과 때문이었습니다. 그러나 아이러니하게도 부인과는 많은 갈등을 겪었고, 말년에는 부인을 피해 딸과 가출하다 시골의 한 기차역에서 폐렴으로 허무한 죽음을 맞습니다.

그렇지만 생전에 그는 가난한 사람들을 사랑하며, 비폭력 무저항정신을 주장했고, 실제로 그가 남긴 수많은 명언은 인간 내면의 본질을 철저히 파악하여 우리들에게 무엇이 진정한 삶의 가치인지를 알려줍니다.

성품은 스스로 갈고 닦는 것

사람은 한 마디의 말에도 큰 영향을 받습니다. 감동적인 말 한 마디로 인해 삶의 의욕을 되찾을 수도 있고, 무심코 내뱉은 말 한 마디로 상처를 입은 사람이 생길 수도 있습니다. 말싸움이라도 하게 된다면, 서로가 같은 수준이 되어 상처를 주고받기 때문에 승자 없는 싸움이 됩니다. 말은 곧 사람의 성품이 됩니다. 그러므로 행동과 말은 신중히 이루어져야 합니다.

308 좋은 말은 언제나 단순하며, 언제나 만인에게 이해되며, 그리고 언제나 합리적이다.
Good words are always simple, always understood by everyone, and always reasonable.

309 착한 사람이란 자신의 죄는 언제까지나 잊지 않고 자신의 선행은 곧 잊어버리는 그러한 사람이다. 그릇된 사람이란 그 반대다. 자신의 선행은 언제까지나 잊지 않으면서 자기가 저지른 죄는 곧 잊어버리고 마는 그러한 사람이다.
A good man is a man who never forgets his sins and soon

forgets his good deeds. Wrong people are the opposite. He always forgets his good deeds and soon forgets his sins.

310 깊은 강물은 돌을 집어던져도 흐려지지 않는다. 모욕을 받고 이내 발칵 하는 인간은 작은 웅덩이에 불과하다.

The deep river does not become cloudy even when it is thrown at a stone. He is only a small puddle who is soon flushed with insults.

311 좋은 일을 하려고 노력하기보다는 오히려 좋은 인간이 되도록 노력해야 한다. 빛을 내려고 전전긍긍하기보다는 깨끗한 인간이 되도록 노력해야 한다. 인간의 영혼은 유리그릇과 같다. 인간은 이 그릇을 더럽힐 수도, 더 깨끗이 빛나게 할 수도 있다.

You should try to be a good man rather than trying to do good. We should try to become a clean human being rather than be anxious to shine. The human soul is like a glass bowl. Human beings can make this vessel dirty or shine cleaner.

312 나 자신의 삶은 물론 다른 사람의 삶을 삶답게 만들기 위해 끊임없이 정성을 다하고 마음을 다하는 것처럼 아름다운 것은 없다. 혼자 생활을 하거나 다른 사람들과 관계를 맺으며 생활을 하거나 단 한 가지 지켜야 할 원칙이 있다. 인생을 가치 있게 살고자 원한다면 기꺼이 자신을 희생할 준비가 되어 있어야 한다는 것이다.

Nothing is as beautiful as my life of my own and my whole heart and soul to make it life-like for others. There is only one principle to live alone, to live with others, or to follow. If you want to live a life worthy of it, you have to be willing to sacrifice yourself.

313 다른 사람들과 무리지어 있을 때는 홀로 생각해야 한다는 사실을 명심하고 홀로 생각에 잠겨 있을 때는 다른 사람들과 의견을 나누어야 한다는 사실을 명심해야 한다.

Keep in mind that you should think alone when you are in groups with others and that you should share your views with others when you are alone in your thoughts.

314 현명하고자 한다면 현명하게 질문을 하는 방법, 주의 깊게 듣는 태도, 그리고 더 이상 할 말이 없을 때 말을 그치는 방법을 알아야만 한다.

If you want to be wise, you must know how to ask a question wisely, how to listen carefully, and how to stop talking when you have nothing more to say.

사랑보다 값진 것은 없다

많은 사람들이 사랑을 위대한 감정이라고 여깁니다. 가족에 대한 사랑, 연인 간의 사랑은 각종 영화와 드라마에서도 자주 드러나는 인간의 소중한 감정입니다. 사랑을 많이 받은 사람은 본인뿐만 아니라 주변인에게도 사랑을 베풀기 때문에 세상을 행복하게 변화시킬 수 있습니다. 사람들이 서로 사랑을 주고받는 사회가 참된 유토피아입니다.

315 죽음의 공포보다 강한 것은 사랑의 감정이다. 헤엄을 못 치는 아버지가 물에 빠진 자식을 건지기 위해서 물속에 뛰어드는 것은 사랑의 감정이 시킨 것이다. 사랑은 나 이외의 사람에 대한 행복을 위해서 발

이 되는 것이다. 인생에는 수많은 문제가 있지만 그것을 해결할 길은 오직 사랑뿐이다. 사랑은 나 자신을 위해서는 약하고 남을 위해서는 강하다.

What is stronger than the fear of death is the feeling of love. A father who can't swim jumped into the water to save his child from drowning, a feeling of love. Love is being a foot for happiness for people other than oneself. There are many problems in life, but love is the only way to solve them. Love is weak for myself and strong for others.

316 사랑이란 자기희생이다.
그것은 우연에 의지하지 않는 유일한 행복이다.
Love is self-sacrifice.
It's the only happiness that doesn't rely on chance

317 한 사람의 상대를 평생 동안 사랑할 수 있다고 단언하는 것은, 한 자루의 초가 평생 동안 탈 수 있다고 단언하는 것과 마찬가지이다.
To affirm that one's opponent can love for life is to affirm that a candle can ride for life.

318 사랑을 함으로써 사람들은 단결하고 하나가 된다. 또한 각자에게 있는 보편적인 지성이 연합을 뒷받침해 줄 것이다.

By making love, people unite and become one. Also, universal intelligence for each will support the union.

개인의 태도가 관계를 좌우한다

성격이 완전히 같은 사람은 없습니다. 다른 사람과 성격의 차이를 느끼는 것은 당연합니다. 관계의 단절은 성격 차이가 아니라 서로를 이해해 주지 못하기 때문에 생깁니다. 성격 차이보다는 차이에 대한 마음이 문제입니다. 타인을 탓하고, 타인을 바꾸려고 하는 것은 도움이 되지 않습니다. 본인의 태도를 돌아보는 습관이 좋은 관계를 만듭니다.

319 다른 사람이 자신에 대해 어떤 말을 할까 항상 귀 기울이는 사람은 결코 마음의 평안을 얻지 못하는 법이다.

He who always listens to what others will say about him never gets his peace of mind.

320 당신이 만약 남과 사이가 좋지 못하거나, 어떤 사람이 당신과 있는 것을 싫어하고 당신이 옳은데도 동조하지 않으면 그 사람을 책망하지 말고 자신을 돌아봐야 한다. 왜냐하면 당신이 그 사람에게 마음과 정성을 다하지 않았기 때문이다.

If you don't get along with others, or if someone hates being with you and doesn't agree with you even though you're right, you should look back on yourself instead of blaming him. Because you didn't give the person your heart and soul.

321 다른 사람을 책망하는 것은 무조건 잘못된 것이다. 우리는 다른 사람의 영혼에 무슨 일이 일어났는지 알 수 없기 때문이다.

It is absolutely wrong to blame others. Because we don't know what happened to other people's souls.

322 독불장군이 되면 될수록 그만큼 자신의 위치가 흔들리는 법이며, 자신을 낮게 하면 할수록 위치는 견고하게 되는 법이다.

When you become a maverick, your position will fluctuate as much as you can, and if you lower yourself, your position will become stronger.

323 두 사람이 격렬하게 논쟁하는 경우, 그 논쟁의 책임은 한 사람에게만 있지 않고 양자에게 있다. 따라서 적어도 한 사람이 자신에게 잘못이 있다고 말하면 논쟁은 곧바로 그치게 된다.

In cases where two people argue violently, the blame for the dispute lies not only with one person but with both parties. Therefore, if at least one person says he or she is at fault, the argument stops right away.

324 다른 사람에게 자신이 믿고 따르는 가치관과 종교를 믿도록 강요하는 사람이 있는가 하면, 자기가 결정하기보다는 다른 사람의 말을 맹목적으로 믿고 그들에게 선택을 맡기는 사람이 있다. 두 사람은 똑같은 잘못을 저지르고 있다. 전자는 다른 사람에 대한 죄악을, 후자는 자신에 대한 죄악을 저지르고 있는 것이다.

Some force others to believe in values and religion they follow, while another people blindly trust others' words rather than decide. The two are making the same mistake. The former is committing a sin against others, and the latter is committing a sin against itself.

325 우리는 종종 다른 사람을 판단한다. 누구는 마음이 착하고, 누구는 멍청하며, 누구는 사악하고, 누구는 총명하다고 속으로 생각한다. 하지만 그것은 실수이다. 사람은 항상 변하기 때문이다. 사람이란 흐르는 강물 같아 하루하루가 다르고 새롭다. 어리석었던 사람이 현명해지기도 하고, 악했던 사람이 진실로 선해질 수 있는 것이 인생이다.

We often judge others. We think to ourselves that some are kind-hearted, some are stupid, some are evil, and some are intelligent. But that's a mistake. Because people always change. People are like flowing rivers, so they are different and new from day after day. It is life that a foolish man can be wise, and a wicked man can be truly good.

326 원하건 원치 않건 인간은 다른 사람들과 연관을 맺지 않을 수 없다. 인간은 생업 활동을 하면서, 그리

고 지식과 예술 작품을 나누면서 연결되어 있고, 무엇보다도 도덕적 의무로 연결되어 있다.

Whether one wants it or not, one cannot help but relate to others. Man is connected by living activities, and by sharing knowledge and works of art, and above all, by moral obligation.

행복을 향한 현명한 길

마음의 불행은 자신이 갖지 못한 것을 가진 것처럼 연연하다 갖지 못할 때 생깁니다. 그러니 처음부터 욕심을 버려야 합니다. 우리가 가진 것은 오로지 자기 자신 뿐입니다. 이는 세상에서 가장 값진 것입니다. 삶을 행복으로 이끄는 방법은 남을 부러워하지 않고 자기 자신을 최고로 만드는 것입니다. 여기서 '최고'란 상대적인 성공이 아닙니다. 자신만의 가치입니다.

327 부단한 노력 끝에 감각적이고 물질적인 삶에서 자유로운 사람만이 진정한 인생 목적을 알게 된다.

Only those who are free from sensual and material life

after constant effort know the true purpose of life.

328 길을 걸어가려면 자신이 어디로 향하는지 알아야 한다. 합리적이고 선량한 생활을 영위하려는 경우도 마찬가지이다. 자신과 타인의 생활을 어디로 이끌어가고 있는지 알아야 한다.

If you want to walk down the street, you need to know where you're headed. The same goes for trying to lead a reasonable and good life. You should know where you are leading yourself and others' lives.

329 과거는 이미 존재하지 않고 미래는 아직 닥치지 않았으며 존재하는 것은 오직 현재뿐이다. 현재 안에서만 인간의 영혼에 자유로운 신성이 나타난다.

The past doesn't exist and the future hasn't come yet, and only the present exists. There is only now a free spirit in the human soul.

330 행복은 인간을 이기주의자로 만든다.

Happiness makes humans selfish.

331 삶을 깊이 이해하면 할수록 죽음으로 인한 슬픔은 그만큼 줄어들 것이다.

The deeper you understand life, the less sorrow you suffer from death.

332 총명하면 총명할수록 자신의 사상을 표현하는 말은 더욱더 단순해진다.

The smarter you are, the simpler you are to say what you think.

333 한 해의 가장 큰 행복은 한 해의 마지막에서 그 해의 처음보다 훨씬 나아진 자신을 느낄 때이다.

The biggest happiness of the year is when you feel much better at the end of the year than at the beginning of the year.

334 인생의 목적과 그것을 성취하는 방법을 깨닫는 것이 바로 지혜이다.

It is wisdom to realize the purpose of life and how to achieve it.

불굴의 예언자: 칼릴 지브란

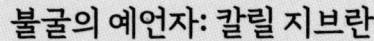

철학자, 화가, 소설가, 시인으로 유럽과 미국에서 활동한 레바논의 대표작가. 인생에 대해 근원적인 문제를 제기하고, 그에 대한 답을 깨닫게 하는 〈예언자〉는 현대의 성서라고 불리면서 소설 〈부러진 날개(The Broken Wings)〉와 함께 세계 각국어로 번역되어 전 세계 독자들에게 시공을 초월한 사랑을 받고 있습니다.

그는 예술을 통해 인류의 평화와 화합, 종교적 단합을 호소했습니다. 그의 문장에는 종교와 문학, 철학과 같은 인문학의 정신이 깃들어 있지요. 그는 화가로서도 인정받는 다재다능한 사람이었고, 사랑에 대해서도 많은 이야기를 남긴 로맨티스트였습니다. 그는 단정한 기독교적 색채와 더불어 반항아적인 면모를 숨기지 않고 드러내어 독특한 개성을 보여줍니다.

자본과 노동에 대하여

자본주의 사회를 살고 있는 현대인들은 돈을 벌기 위해 일을 합니다. 노동이라는 행위는 예전부터 매우 중요하고 의미 있는 일로 여겨져 왔습니다. 또한 무언가를 해냈을 때 얻을 수 있는 진정한 성취감과 충실감은 '일'을 통해서 경험할 수 있습니다. 쌓아놓은 재산이 없다고 해서 영혼마저 가난해지는 것은 아닙니다. 아무리 부유해도 베풀지 않는다면 영혼이 빈곤해집니다.

335 가난은 오만함을 가려주기도 하고, 재앙의 고통은 겉치레의 가면을 구할지도 모른다.
Poverty may mask arrogance, and the pain of disaster may obtain the mask of appearance.

336 부유한 사람들을 당신 집의 만찬에 초대하지 말라. 그들은 당신을 자기 집의 만찬에 초대해서 당신에게 받은 것을 갚을 것이다.
차라리 가난한 사람들을 초대하라. 그들은 갚을 수 없을 것이고, 따라서 우주가 당신에게 갚을 것이기 때문이다.

Don't invite rich people to dinner at your house. They'll invite you to dinner at their house and pay you back what you've done.

Rather invite the poor. Because they will not be able to pay back, and therefore the universe will pay you back.

337 기진맥진할 정도로 고갈된다는 것은 모든 민족과 모든 사람에게 멸망을 가져온다.
그것은 힘겨운 고뇌이며, 일종의 잠 속으로 빠지는 죽음이다.

To be exhausted brings destruction to all peoples and to all.

It's an agonizing agony, a kind of death that falls into sleep.

좋은 리더이자 친구, 가족, 이웃

우리는 사회에서 부여받은 여러 가지 역할을 수행하며 살아가야 합니다. 그리고 그 역할은 다른 사람과의 관계에 따라 달라집니다. 부모님을 뵈러 갈 때는 좋은 자식의 역할을,

친구들을 만나러 갈 때는 좋은 친구의 역할을 수행하는 것이 인간관계의 기본입니다. 그렇다면 이제는 어떻게 해야 관계에 걸맞은 역할을 찾아 모범을 보일 수 있는지 생각해 보아야 합니다.

338 굶주린 사람에게 배고픔의 고통을 참아야 한다는 충고를 대식가(大食家)가 어찌 진지하게 얘기할 수 있겠는가?

How can a glutton seriously advise a hungry person to bear the pain of hunger?

339 어제의 장부를 살펴보면 그대는 아직도 사람들과 삶에 빚을 지고 있음을 알게 될 것이다.

If you look at yesterday's accounts, you will find that you are still in debt to people and to life.

340 마음을 구성하는 원소들로부터 공감, 존경심, 그리움, 참을성, 뉘우침, 놀라움과 용서하는 태도를 뽑아내어 하나로 합성시킬 수 있는 화학자라면 '사랑'이라고 일컫는 원자를 창조할 수 있을 것이다.

A chemist who can extract empathy, respect, longing,

patience, repentance, surprise and forgiving attitudes from the elements that make up the mind, and synthe-size them into one, could create an atom called "love."

341 거지의 사랑을 받게 된 사람이야말로 군주 중의 군주이다.
The man who came to be loved by beggars is the greatest monarch.

342 검약함이란 인색한 자들을 제외한 모든 사람에게 너그러움을 뜻한다.
Frugality means generosity to all but the stingy.

343 고독함 속에서 강한 자는 성장하지만, 나약한 자는 시들어 버린다.
In solitude the strong grow, but the weak wither.

반면교사가 되는 사람들

반면교사란 다른 사람이나 사물의 부정적인 측면에서 가

르침을 얻는다는 말입니다. 즉, 훌륭한 사람을 본받는 것과는 반대로 어리석은 사람을 보고 그 사람처럼 행동하지 않도록 조심하게 되는 것이 반면교사입니다. 이 방법으로 사람들을 바라본다면, 아마 주변의 모든 사람들이 스승으로 보이면서 더 나은 자신이 되기 위해 노력할 수 있을 것입니다.

344 씨앗이라고는 하나도 심지 않고, 벽돌 한 장 쌓지 않고, 옷 하나 짓지 않고, 정치만 천직으로 삼는 사람이라면 그는 그의 민족에게 재앙을 가져다준다.

If he is a man who does not plant a seed, but does not build a brick or a garment, and takes politics as a vocation, he brings disaster to his people.

345 그들이 나에게 말했다. "만일 잠든 노예를 발견하면 그를 깨우지 마세요. 그는 자유를 꿈꾸고 있을지도 모르니까요."

그래서 내가 대답했다. "만일 잠든 노예를 발견하면 그를 깨우고 자유에 대해서 그와 얘기를 나누어야 합니다."

They told me. "If you find a sleeping slave, don't wake him up. He may be dreaming of freedom."

So I replied. "If you find a sleeping slave, you should wake him up and talk to him about freedom."

346 어떤 사람들은 그들의 고마움을 표현하기 위해서가 아니라 그들 자신이 나의 재능을 파악했다는 사실을 과시하기 위해 여러 사람들 앞에서 나에게 고마움을 표한다.

Some people thank me in front of many people not to express their gratitude but to show off that they have grasped my talent.

347 그가 걸어가는 길과 그가 기대는 벽밖에 보지 못하는 사람은 근시안적인 인간이다.

It is a short-sighted man who can only see his way and the wall he expects.

스스로를 사랑하는 힘으로 나아가다

인생을 바꾸는 방법은 간단합니다. 지금까지 불가능하다고 여기며 회피했던 일들을 하나둘 시도해 보는 것입니다.

우리는 그 시도를 통해 새로운 세상을 볼 수 있습니다. 뭔가 할 수 있기 때문에 생기는 조건부 자신감이 아닌, 스스로를 믿고 사랑하기 때문에 갖게 되는 자신감은 커다란 용기가 되어 인생의 앞길을 밝혀줍니다. 자신감은 저절로 만들어지지 않습니다.

348 건물에 있어서 가장 견고한 돌은 기초를 이루는 가장 밑에 있는 돌이다.
The most solid stone in a building is the lowest rock that forms the foundation.

349 그대가 스스로를 추악하다고 생각하는 것은 내적인 자아에 대한 외적인 자아의 불신행위에 지나지 않는다.
To think of yourself as ugly is nothing more than an act of distrust of the external self in its inner self.

350 "그대의 적을 사랑하라."고 나의 적이 나에게 말했다. 그리고 나는 그의 말대로 나 자신을 사랑했다.
"Love your enemy," my enemy told me. And I loved myself as he said.

351 소망과 욕망은 삶의 기능이다. 우리들은 삶의 소망들을 실현하고, 우리들에게 그럴 의지가 있거나 없거나 간에 욕망들을 실천하도록 노력해야만 한다.
Hope and desire are the functions of life. We must strive to realize the desires of life and to fulfill them whether or not we are willing to do so.

352 여섯 번째 감각이라고 할 수 있는 '용기'는 승리로 가는 가장 빠른 길을 찾아내는 기능을 갖추었다.
The sixth sense, "courage," has the ability to find the quickest way to victory.

353 경험보다는 믿음이 진리를 더 빨리 파악한다.
Faith catches the truth faster than experience.

354 무언가를 갈망하는 마음속에 존재하는 아름다움은 그것을 보는 사람의 눈 속에 존재하는 아름다움보다 훨씬 숭고하다.
The beauty that exists in the heart that yearns for something is much more sublime than the beauty that exists in the eyes of the beholder.

355 한겨울에도 움트는 봄이 있는가 하면, 밤의 장막 뒤에는 미소 짓는 새벽이 있다.

In the middle of winter, there is spring, and behind the curtain of the night there is a smiley dawn.

제4장

생각의 폭발을 이끈 동양의 철학자들

―조조, 루쉰, 한비자, 제자백가, 법정스님

    서양 철학은 이성을 중시하고 몸과 영혼을 분리하는 이분법적 사고가 뿌리 깊게 박힌 반면, 도(道)의 체득과 실천을 중시하는 동양 철학은 자연과 인간의 삶 전반을 아우르는 경향이 있습니다. 또한 중국이라는 거대한 대륙의 통치에 뛰어들어 집단에 대해 깊이 사유했던 사상가들만큼 처세에 능한 사람은 없을 것입니다. 개인주의 속에서 사색하는 시간도 중요하지만, 진정한 리더는 사람을 다룰 줄 알아야 합니다.

    도덕, 처세, 인생에 대해 이들은 깊은 가르침을 줄 것입니다.

용인술의 대가: 조조

曹操, 155~220

중국 후한 말기의 정치가. 나라를 다스리는 방법, 이른바 '술수(術數)'에 매우 뛰어나 군주에게 신하를 통제하는 방법을 가르쳤습니다. 그에 대한 황제의 총애는 최고였고, 그의 손을 거쳐 개정되지 않은 법령이 없을 정도였습니다. 그는 시대가 자신에게 맡긴 역할이 무엇인지를 누구보다 잘 알았던 지사(志士)이기도 합니다. 또한 새로운 시대에 진정으로 필요한 것이 무엇이었는지 파악했던 모략가였지요.

난세의 영웅인가, 치세의 간웅인가? 후대의 평가는 엇갈리지만 제왕 조조는 다재다능한 장수이자 군주였고, 정치가이자 시인이었습니다. 그는 카리스마 넘치는 리더십으로 전장에서 지휘하면서 휘하 장수를 아꼈고, 인재를 목숨처럼 귀히 여겼습니다. 다소 잔인하고 교활한 부정적인 이미지 때문에 그가 이룩한 공적까지 과소평가해서는 안 된다는 것입니다. 다음의 명언들은 난세를 사는 최고 권력자로서 그가 짊어져야 했던 고충과 고뇌에 찬 결정들의 진면모를 보여줍니다.

'내 편'을 만드는 기술

아는 사람이 많다고 인맥을 자랑하는 사람들이 있습니다. 하지만 중요한 것은 본인이 아는 사람이 누구이고 얼마인가가 아닙니다. 사회적으로 강력한 인맥은 서로 도와줄 수 있는 인맥입니다. 자신의 이익만을 위해 이해타산적 태도로 타인을 이용하지 않고 그 사람만의 장점을 찾아 공생관계를 맺을 수 있는 사람이 진정한 인맥을 거느릴 수 있습니다.

356   더 이상 소인배들과 일하지 않겠다.
나만의 사람을 기르리라. 나만의 사람들을 모아 내가 직접 이끌어 가리라.
再也不和小人一起工作了。
養只我一個人。聚集屬於我的人, 由我親自帶領。

357   중요한 것은 내가 정말 원하는 것인가, 내게 정말 필요한 것인가이다.
지극히 간절히 원하는 것이라면, 또 정말 나에게 꼭 필요한 것이라면
명분을 만들어서라도 반드시 갖고야 말겠다. 남의 눈치 보느라 기회를 놓치지 않겠다!

重要的是我是否真的需要, 我是否真的需要。
如果你是至誠地想要, 如果真的是我所必需地
即使找藉口也一定要擁有 看別人的眼色, 不放過機會!

358 인재는 우연히 만나는 것이 아니다.
초야에 묻혀 있는 인재를 찾아내라.
人纔不是偶遇。
找出埋在草野裏的人才。

359 훌륭한 목수는 좋은 연장을 쓴다.
好木匠用好工具。

360 모든 싸움의 시작과 끝은 사람이다.
싸움을 일으키는 것도 사람이요, 그 싸움을 끝내는 것도 사람이다. 재능을 갖춘 인재가 옆에 있다면 어떤 싸움도 두렵지 않은 것이다.
一切戰斗的開始和結束都是人。
惹是生非, 收是人 也就是說, 如果身邊有才華的人才, 就不怕任何爭鬥。

361 하늘과 땅 사이에, 사람이 제일 귀하구나. 하늘과

땅의 조화로 만물이 자라나니, 그 가운데 귀한 것은 오로지 사람이라네.

天地之間, 人最可貴 天地造萬物生, 其中貴爲人。

뛰어난 리더의 인재상

조조는 인재를 등용할 때 까다로운 태도를 고수하지 않았습니다. 정말 필요한 사람을 자신의 편으로 만들기 위해서는 열린 마음이 필요합니다. 실수를 용서하는 마음이 필요하고, 묻혀 있는 재능도 꿰뚫어보는 눈을 가지고 있어야 진정한 인맥 찾기의 고수가 될 수 있습니다. 중요한 것은 온전한 '내 편'을 만드는 것입니다.

362 뛰어난 명마는 마구간에 엎드려 있어도 천 리를 꿈꾸고, 기개 있는 자 나이를 먹어도 기개를 잃지 않는다.
明馬趴在馬棚裏, 志在千里, 志在志存者, 歲數雖大, 志在必得。

363 품행이 바른 사람만이 실력을 갖춘 것은 아니다.
실력을 갖춘 사람만이 품행이 바른 것도 아니다.

不是只有品行端正的人纔有實力。
不是只有具備實力的人才品行端正。

364 인재를 등용하는 데 그 사람의 도덕에만 얽매여 평가하지 말라.
錄用人才, 不要拘泥於人的道德去評判。

365 아침을 알리지 못한 닭도 지난 잘못을 메우고 다시 한 번 울고 싶은 법이다.
沒有報曉的雞也想彌補過去的錯誤, 再一次哭泣。

높은 긍지와 자신감

어떤 일을 어떤 곳에서 어떤 때에 하든 그 일의 성공 여부는 자신에게 달려 있습니다. 성공의 길을 가기 위해서는 먼저 이 사실을 인정해야 합니다. 자신의 책임을 인정하는 힘이 갖추어지면 자신감은 저절로 생깁니다. 자신감 있는 사람은 불안과 공포의 분위기에 흔들리지 않습니다. 조조처럼 자신을 왕이라고 생각하고 힘을 키운다면 왕처럼 고고해질 수 있습니다.

366 내가 천하를 저버릴지언정, 천하가 날 저버리게 하지는 않을 것이다.
寧交我負天下人休交天下人負我。

367 만약 천하에 내가 없었다면, 얼마나 많은 사람이 자신을 왕이라 칭했겠는가?
如果天下沒有我, 有多少人稱自己爲王?

368 너희가 나 조조를 보고 싶으냐?
나 또한 똑같은 사람이다. 눈이 넷 달리고 입이 둘 달린 게 아니라 지혜와 계책이 많을 따름이다.
你們想我嗎?
我也是和你們一樣的人。不是四隻眼, 兩隻嘴, 而是多智多謀。

369 지금의 천하의 영웅은 오직 사군과 나 조조뿐이외다.
現在的天下英雄只有四爺和曹禺。

공과 사를 나누는 생활의 지혜

사사로운 감정이 공적인 일에 개입하기 시작하면 이성을 유지하기가 어려워지고, 규칙을 깨뜨리기 마련입니다. 비즈니스 관계는 철저히 선을 지켜야 하는 관계입니다. 조조는 자신의 감정도 대의를 위해서라면 냉정하게 바라볼 수 있는 사람이었습니다. 분노에 휘둘리거나, 정에 마음이 약해진다면 사람을 다루는 일이 어렵게 느껴질 것입니다.

370 나는 신하와 관리에게도 사사로이 치우치지 않을 뿐만 아니라, 아들들에게도 사사로이 치우친 정을 품지 않을 것이다.
我對臣官不徇私情, 不僅公正, 對兒子也不私情。

371 사사로운 정에 얽매여 법을 굽히는 일을 나는 할 수 없다.
徇私枉法的事我做不了。

372 집에서는 너와 나는 아버지와 아들 사이지만, 일을 맡으면 주군과 신하의 관계가 된다.
행동을 할 때에는 왕법에 따라서만 일을 처리해라.

家有你我, 父有子, 事有主君臣。
行動時只按王法辦事。

373 분노는 지혜를 갉아 먹는다. 증오하지 마라. 판단력이 흐려진다.
憤怒侵蝕智慧。不要憎恨。判斷力變得模糊。

374 죽고 사는 것은 하늘에 달렸으니, 이를 걱정함은 어리석은 일이다.
生死天定, 慮之爲愚。

375 안전하고 평화로울 때에도 위급한 상황이 벌어질 수 있음을 잊지 말아야 하며, 늘 대비책을 세워두어야 한다.
我們不要忘記, 在安全, 和平的時候, 也會出現緊急情況, 我們必須時刻準備對策。

376 작은 일도 잘하고 또 큰일도 잘하는 것이 무에 나쁠 것이 있겠소!
做好小事, 做好大事, 有什麼不好的!

중국의 강인한 사상가: 루쉰

魯迅, 1881~1936

중국의 문학가 겸 사상가. 〈광인일기〉, 〈아큐정전(阿Q正傳)〉 등의 대표작이 있습니다. 특히 〈아큐정전〉은 세계적 수준의 작품이며, 후에 그의 주장에 따른 형태로 문학계의 통일전선(統一戰線)이 형성되었습니다. 그의 문학과 사상에는 모든 거짓을 거부하는 참된 정신과 지금까지는 본 적 없었던 언어의 아름다움, 그리고 어디까지나 현실에 굳건하게 발을 딛고 있는 사유가 뚜렷이 강조되어 있습니다.

많은 중국 청년들은 지금까지도 그의 명언을 인용하고 있습니다. 그런데 그는 자기 나라의 중국인에 대해 부정적인 시각을 가지고 있었습니다. 그는 중국인을 이기적이고 허세와 정신승리를 잘 드러내며 노예근성을 가지고 있고 쓸데없이 외래문화에 배타적이라고 주장했습니다. 그가 생각한 중국인의 모습을 형상화한 인물을 주인공으로 한 소설이 〈아큐정전〉이었습니다. 그러나 이러한 비판도 결국 모국에 대한 애정에서 비롯된 것이었습니다.

듬직한 위로를 건네는 말

 문제가 없는 인생은 없습니다. 우리가 문제를 풀지 않는 이유는 무엇보다 해법이 없다고 포기하기 때문입니다. 하지만 모든 문제에는 그 속에 해법이 숨어 있습니다. 끝까지 포기하지 않아야 스스로 길을 찾을 수도, 길을 만들 수도 있는 것입니다. 처음부터 만들어진 길은 없습니다. 루쉰은 인생을 '길'에 비유하며 든든한 격려와 위로를 건네줍니다.

377 희망이란, 본래 있다고도 할 수 없고, 없다고도 할 수 없다.
그것은 땅 위의 길과 같다. 본래 땅 위에는 길이 없었다. 걸어가는 사람이 많아지면 그것이 곧 길이 되는 것이다.
希望是本无所谓有, 无所谓无的。
这正如地上的路; 其实地上本没有路, 走的人多了, 也便成了路。

378 무엇이 길인가.
그것은 바로 길이 없던 곳을 밟아서 생겨난 것이고 가시덤불로 뒤덮인 곳을 개척하여 생겨난 것이다.

예전에도 길이 있었고 앞으로도 영원히 길은 생길 것이다.

什麼是路. 就是踩着原路而生地荊棘叢生。

以前有路, 以後永遠有路。

379 젊은 영혼들이 내 눈앞에 우뚝 서 있다.
그들은 벌써 거칠어져 있거나, 거칠어지고 있다.
그렇지만 나는 이들, 피 흘리면서 아픔을 견뎌내는 영혼을 사랑한다.
내가 인간 세상에 있음을, 인간 세상에서 살고 있음을 느끼게 해 주기 때문이다.

年輕的靈魂在我面前挺立着。

他們已經從粗糙尖銳起來。

可是我, 他們流血, 痛苦的靈魂。

我在人間, 人間, 住在感覺。

380 어느 나라, 어느 누구를 막론하고
대개 '자기를 사랑하는 것'은 마땅한 일이라고 인정하고 있다.
이는 바로 생명을 보존하는 요지이며, 또 생명을 이어가는 기초이다.

任何國家, 任何不論是誰,
'愛自己'是合適的工作通常是認定。
這就是生命, 保存生命, 而且要旨的基礎。

381 잉크로 쓴 거짓이 피로 쓴 진실을 덮을 수 없다.
用墨水寫的謊言掩蓋不了血寫的真實。

우리를 반성하게 하는 말

수학 공식을 안다고 해서 문제를 모두 풀 수는 없습니다. 세상 사는 이치도 마찬가지입니다. 사는 게 힘들다면 둘 중에 하나입니다. 이치를 모르거나 그것을 실천하지 않기 때문입니다. 하지만 세상 사는 이치를 몰라서 힘들게 사는 사람이 과연 얼마나 있겠습니까? 문제는 실천입니다. 알고도 미루기만 하던 일, 단 한 가지라도 시작해 보면 어떻겠습니까?

382 우리가 어떤 일을 비평할 때는 반드시 우선 자신을 비평하고
또 거짓으로 하지 말아야만 비로소 말이 말 같아지고 자신이나 다른 사람에게 면목이 설 것이다.

我們什麽事, 批評時, 必須首先把自己批評
另外, 不要假才能說的話,
將同自己或別人。好面子

383 흙은 천재에 비하여 당연히 보잘 것 없다.
그렇지만 어려움을 잘 참아내지 않으면 흙이 되기도 쉽지 않을 것이다.
土比天災當然微不足道。
但是, 如果不忍住困難, 恐怕很難變成泥土。

384 옛날 위세가 당당했던 사람은 복고(復古)를 주장하고, 지금 위세가 당당한 사람은 현상유지를 주장하고, 아직 행세하지 못하고 있는 사람은 혁신을 주장한다.
昔日威風凜凜的人主張復古, 現在威風凜凜的人主張維持現狀, 而尚未成行的人主張革新。

385 평화는 인간의 세계에는 존재하지 않는다. 보통 평화라고 할 때 그것은 전쟁이 끝난 직후 아직 전쟁이 시작되지 않았을 때를 가리켜 말하는 데 불과하다.
和平在人類的世界裏是不存在的。通常說到和平, 那不過是指戰爭結束後還沒有開始戰爭的時候。

386 안락한 환경에 있었던 사람이 갑자기 그 반대의 생활로 떨어져 버렸다면, 그 떨어지는 과정에서 세상 사람들의 참모습을 볼 수 있을 거라 생각한다.
如果身處安樂環境的人突然墜入相反的生活, 那麼他認爲在跌落的過程中應該可以看到世人的眞實面貌。

혁명, 사회를 바꾸는 말

이 세상에 태어나 자기 몫을 누릴 권리는 누구에게나 있습니다. 하지만 그 권리로 남의 권리까지 침해해서는 안 됩니다. 자신의 몫 이상을 채우기 위해 타인의 몫을 빼앗아서는 안 된다는 것입니다. 하지만 한국의 현대인에게는 빈부격차와 특권의식이라는 고질병이 있습니다. 그리고 루쉰은 평등과 평화를 위한 혁명에 대해 열정적으로 말했던 사람 중 하나입니다.

387 실은 혁명이란 아무도 죽이지 않고 살리는 일이다.
其實, 革命就是不殺任何人, 救活他們。

388 세상에 만약 정말로 살아가고자 하는 사람이 그래

도 있다면 우선 감히 말하고, 감히 울고, 감히 노하고, 감히 욕하고, 감히 싸우며, 이 저주스러운 곳에서 저주스러운 시대를 물리쳐야 할 것이다!

世上如果還有真想活下去的人, 首先應該敢說, 敢哭, 敢怒, 敢罵, 敢鬥, 在這個詛咒的地方打敗那個詛咒的時代!

389 사람들은 각자 스스로 다른 사람을 노예로 부리고 다른 사람을 먹을 수 있다는 희망을 가지고 있다. 하지만 자기도 마찬가지로 노예로 부려지고 먹힐 가능성이 있다는 것은 망각한다.

人們都有各自自己把別人奴役, 吃別人的希望。
但我忘了, 自己也會同樣被奴役, 而且有可能被吃掉。

390 공로 선생은 "자기만 못한 사람을 벗 삼지 말라."라고 말한 적이 있다. 사실 세력과 이익을 따지는 이러한 안목은 오늘날 세상에도 아주 흔하다.

功先生曾說過 "不要把不如自己的人當做朋友"。事實上, 這種權衡利弊的眼光在當今社會也很常見。

391 나는 세상 사람들의 마음속에 쌓여 있는 원한과 분

노가 이미 충분하다고 생각한다. 물론 그것은 강자에게서 유린을 당하여 생겨난 것이다.
그러나 그들은 오히려 강자에게 반항하지 않고 도리어 약자 쪽에 발산한다.
我覺得中國人心中的怨恨和憤怒已經足夠了。當然, 它是由强者踩躪而産生的。
但是, 他們卻沒有反抗强者, 反而向弱者發泄。

392 자유는 돈으로 살 수 있는 것이 아니다.
그러나 돈 때문에 팔아버릴 수도 있다.
自由不是用錢就能買到的。
但是, 爲了錢可以賣。

393 앞에 내세우고 있는 것이
아무리 선명하고 보기 좋은 깃발이라 할지라도,
무릇 언동이나 사상 속에 그것을 빙자하여 자기 소유로 하려는 조짐이 보이는 자는 도적이며,
그것을 빙자하여 눈앞의 하찮은 이익을 차지하려는 듯이 보이는 자는 노예이다.
擺在面前的東西再鮮艶的旗幟,
凡在言行或思想中以它爲名, 企圖爲自己所擁有的預兆

者爲徒,

以它爲名佔有眼前的微不足道。

젊은이에게 건네는 말

이상하게도, 요즘 들어 젊은 청년층에게 아무리 진심어린 조언을 하려고 해도 '꼰대'가 되지 않기 위해 조심해야 하는 분위기가 되었습니다. 하지만 우리는 누구나 청춘의 삶을 거쳐 갑니다. 가장 총명하고 젊었을 시절을 추억하며, 그 시기를 통과하는 청년에게 선배로서 하는 말은 중요한 가르침이 될 수 있습니다. 좋은 선배가 되어주시겠습니까?

394 청춘시대에 명암을 경험하지 못한 사람은 중년이 되어 아무런 힘도 갖지 못할 것이다.
一個在靑春年代沒有經歷過愚行的人, 到了中年恐怕就無能爲力了。

395 청년시대에는 불안이 있더라도 비관해서는 안 된다. 언제나 맞서 싸우고 또한 자신을 지켜라.
在靑年時代, 卽使有不安, 也不能悲觀。

無論何時都要堅持對抗和保護自己。

396 젊은 시절에는 나도 수많은 꿈을 꾸었다.
나중에는 대부분 잊어버렸지만, 그렇다고 애석해하지는 않았다.
年輕的時候, 我也做了很多夢。
後來, 我把它大部分忘了, 但我並不心疼。

397 후배들이 이 사다리를 딛고서 더 높이 오를 수만 있다면 설령 내가 짓밟힌다고 한들 무엇이 아쉽겠는가! 세상에서 사다리가 되어줄 수 있는 이가 나 말고 또 얼마나 있겠는가?
後輩們能踩着這梯子爬得更高, 卽使我被踐踏了, 還有什麼可惜的! 在中國, 除了我之外能有多少人能成爲梯子呢?

동양의 마키아벨리: 한비자

韓非子, B.C 280~233

중국 전국시대 말기, 한나라의 공자로 법치주의를 주장한 정치가인 한비자는 인간 본질이 가진 약점과 욕망을 냉혹하게 지적한, 예리하고 차가운 지성의 소유자였습니다. 서양에 마키아벨리의 군주론이 있다면 동양에는 한비자의 제왕학이 있습니다.

그는 통치에서 '법(法)'과 '술(術)'이 갖는 중요성은 "군주에게 '술'이 없으면 바보처럼 멍청하게 윗자리를 차지하는 꼴이 되고, 신하에게 '법'이 없으면 밑에서 난리를 피우게 된다."고 했습니다. 따라서 이 두 가지는 제왕이 천하를 다스리는 도구라고 했습니다. 진시황이 "한때는 이 사람을 한번 만나 이야기를 나눌 수 있다면 죽어도 여한이 없겠다!"고 말했을 만큼 당대 최고의 전략가지만, 동문수학한 이사의 계략에 말려 감옥에서 독살을 당합니다. 당대 최고의 전략가에게도 운명의 신은 아주 냉혹했습니다.

냉정한 판단이 최선이다

경쟁 사회를 살아가는 현대인에게 냉정함은 성공을 위한 조건이 되었습니다. 인간관계로 피로하십니까? 그렇다면 그 관계들이 모두 꼭 필요한 사람들로 이루어져 있습니까? 서로에게 도움이 되지 않는 관계는 정리하는 편이 나을 것입니다. 하나하나의 관계가 소중하지만 서로의 발전을 위해서는 관계 정리가 필요합니다. 그것은 타인에게도 자신에게도 냉정해지는 방법 중 하나입니다.

398 안전하고 유리한 것을 가까이 하고, 위험하고 해로운 것을 멀리 하는 것은 인지상정이다.
貼近安全, 有利, 遠離危險, 危害是人之常情。

399 이익이 있는 곳으로 백성들이 모여들고,
명성이 빛나는 곳에 선비들이 목숨을 바친다.
民聚於利,
士出於名。

400 작은 지혜를 가진 자에게는 일을 도모하도록 할 수 없으며,

작은 충성밖에 모르는 이에게는 법을 주관하도록 할 수 없다.

不能讓小智謀事,

不能讓小忠主持法律。

401 원숭이를 우리 안에 가둬두면 돼지와 같아진다.
그러므로 형세가 유리하지 않으면 재능을 다 드러낼 방법이 없다.

把猴子關在籠子裏就像豬。

故形勢不有利, 無以盡才。

402 눈에 비치는 것은 적다.
눈에 비치지 않는 것까지도 꿰뚫어볼 수 있는 지혜가 필요하다.

很少映入眼簾。

我們需要連眼睛看不見的東西都能看透的智慧。

403 아는 것은 어렵지 않다. 아는 것을 시의 적절하게 실천하는 것이 어렵다.

知道並不難。知難行之。

사람을 다루는 기술

사람을 만나면 분명히 좋고 나쁨의 감정이 생깁니다. 그리고 그 감정에 따라 인간관계가 형성됩니다. 모든 사람과 친하게 지낼 수는 없기 때문에 인간관계는 선택적일 수밖에 없습니다. 주관적으로 좋은 사람과 싫은 사람을 구분하고, 좋은 사람과 좋은 관계를 만들어가야 하는 것입니다. 중요한 것은 관계의 주도권을 잡는 것입니다. 뚜렷한 주관을 갖고 사람을 대하는 것이 처세의 첫걸음입니다.

404 사람을 등용하는 데 있어 자기의 일족이라고 해서
 사양할 필요도 없거니와,
 또는 원수라고 해서 그것을 피할 필요도 없다.
 모두 적재적소에 발탁해서 써야 한다.
 用人不必因自己的一族而推辭,
 也不必因是仇人而迴避。
 都要提拔使用。

405 서로 상대방을 위해 무엇을 한다는 생각에서 출발하면 결국 기대에 어긋나 서로 책망하게 되지만, 자신을 위해서 일한다고 생각하면 일이 되레 잘 진

행된다.

互相從爲對方做什麼出發, 最終會違背期待, 互相指責, 但想到爲自己做事, 事情反而會順利進行。

406 권력에 의지해야지 신뢰관계에 의지해서는 안 된다. 통치술에 의지해야지 신뢰관계에 의지해서는 안 된다.

要依靠權力, 不能靠信任關係。

要講統治術, 不能講信任關係。

407 미친 사람이 동쪽으로 달려가면, 그를 잡으려고 쫓아가는 사람 또한 동쪽으로 달려간다. 동쪽으로 달려가는 것은 같지만, 동쪽으로 달려가는 까닭은 다르다. 그러므로 말하기를 "같은 일을 하는 사람일지라도 깊이 잘 살펴보지 않으면 안 된다."라고 하는 것이다.

瘋子往東跑, 追着他的人也往東跑 往東跑是一樣的, 往東跑的原因卻不一樣。故曰:"同爲事者, 不可不察也"。

제왕학에서 배우는 비즈니스

장군이 되고 싶은 꿈이 없는 병사는 장군이 될 수 없습니다. 그리고 장군의 꿈이 있어도 병사의 일을 하지 않으면 장군이 될 수 없습니다. 성실한 병사는 자신의 일을 잘 하지만, 장군의 꿈이 없다면 그 일만을 잘 할 뿐 발전이 없습니다. 그래서 나폴레옹은 장군이 되고 싶은 병사가 진짜 훌륭한 병사라고 한 것입니다. 회사의 대표가 되고 싶습니까? 군주의 지혜를 살펴봅시다.

408 군주는 지혜를 버림으로써 도리어 총명해질 수 있고,
현명함을 버림으로써 도리어 공효가 있으며,
용기를 버림으로써 도리어 강해질 수 있다.
君可以棄智而聰明,
棄賢而孝,
棄勇而強。

409 신하를 아는 것은 그의 군주만 한 사람이 없고,
아들을 아는 것은 그의 아비만 한 사람이 없다.
沒有比他君主更瞭解臣子的人,
沒有比他爸爸更瞭解兒子的了。

410 신하들이 패거리를 지어 서로 뭉쳐서 신하들이 하고 싶은 대로 할 수 있게 되면 군주는 고립된다.
臣子們結幫結夥, 互相團結, 使臣子可以隨心所欲, 君主就會孤立起來。

411 군주와 신하는 이해관계가 다르기 때문에 신하에게 충성심이란 없다.
그러므로 신하의 이익이 이뤄지면 군주의 이익은 사라지는 것이다.
君主和臣子的利害關係不同, 所以對臣子沒有忠誠之心。
因此, 只要大臣的利益得以實現, 君主的利益就會消失。

412 밝은 군주는 신하들에 대해 사랑하는 마음을 품고서 신하의 말을 듣지 아니하며, 마음에 기쁨을 품고서 일을 헤아리지 않는다.
明君對臣子心懷愛意, 不聽臣子言, 心懷喜悅, 事不計較。

413 낮은 수준의 군주는 자신의 능력을 다 발휘하고,
중간 수준의 군주는 다른 사람들의 힘을 다하게 만들며,

최고 수준의 군주는 다른 사람의 지혜를 다하게 만든다.
低水平的君主盡其所能,
中等水平的君主使別人盡了力,
最高級的君主會盡人的智慧。

414 나라란 늘 강할 수도 없고 늘 약하란 법도 없다.
법을 받드는 이들이 강하면 나라도 강해지고, 법을 받드는 이들이 약해지면 나라도 약해진다.
國家不可能總是强大, 也不會總是軟弱。
奉法者强, 國家强; 受法者弱, 國家弱。

415 집안에 일정한 생업이 있으면 비록 가뭄이 들더라도 굶주리지 않듯,
나라에 일정한 법규가 있으면 비록 위험이 닥치더라도 망하지 않는다.
家有三分生, 旱無飢,
國家有定規, 臨危不亡。

416 군주는 자신의 취향을 드러내어선 안 된다.
좋아하는 것과 싫어하는 것을 드러내지 않을 때 신

하는 비로소 본심을 나타낸다.

君不可露志趣。

當喜歡的和不喜歡的不顯露時, 臣子才表示本心。

세상의 이치는 혼자 깨닫는다

힘 있는 사람은 무리 지어 다니지 않습니다. 무리를 거느릴 뿐입니다. 무리 속에 있다 보면 자신의 힘과 무리의 힘을 혼동할 수 있습니다. 무리의 힘을 본인의 힘으로 착각하고 유세를 떨기도 합니다. 하지만 그런 사람은 무리를 벗어나는 순간 비로소 자신의 힘을 제대로 알게 됩니다. 이렇듯 다른 사람들과 많이 어울리면 오히려 객관적인 시각이 떨어집니다. 가끔씩 혼자 있는 시간에 차분히 생각해야 합니다.

417 아는 것을 접어두고 물어보면 알지 못하던 것들도 알게 되며,
하나의 사태에 대해 깊이 알게 되면, 숨어 있던 많은 것들도 모두 분명하게 변별할 수 있게 된다.
把知道的都收起來, 問一問, 原來不知道的也就知道了, 對一個事態的深入瞭解, 讓隱藏的很多東西都能清晰地辨別出來。

418 태산에 걸려 넘어지는 사람은 없다.
넘어지게 하는 것은 작은 흙무더기이다.
沒有人會被泰山絆倒。
倒人是小土堆。

419 교묘하게 속이는 것보다는 차라리 옹졸하더라도 성실한 것이 좋다.
巧詐不如拙誠。

420 손뼉도 마주쳐야 소리가 나는 법이다. 모든 일은 서로 상응하지 않으면 이루어지지 않는다.
정치도 백성의 바람에 따라서 행할 때 비로소 효과를 내는 것이다.
一個巴掌拍不響 凡事不相容是不成的。
政治也是在順從百姓的願望時纔會產生效果的。

421 넓은 바다는 작은 시냇물도 버리지 않았기 때문에 그토록 넉넉해진 것이다.
因爲大海連小溪都沒有抛棄, 所以變得那麼富足。

422 물은 그릇의 모양을 따르고, 사람은 친구의 성향을 따른다.

水依碗形, 人依朋友性。

절망을 이겨내는 철학: 제자백가

諸子百家

중국 춘추전국시대(BC 8세기~BC 3세기)에 활약한 학자와 학파의 총칭. '제자(諸子)'란 여러 학자들이라는 뜻이고, '백가(百家)'란 수많은 학파들을 의미합니다. 이 가운데 공자(孔子)의 유가가 가장 먼저 일어나서 인(仁)의 교의를 수립하였고, 그 다음으로 묵적(墨翟:墨子)이 겸애(兼愛)를 주창하여 묵가를 일으켰으며, 이윽고 노자(老子)·장자(莊子)를 위시한 도가와 기타 제파가 나타나서 사상계는 제자백가의 시대라고 할 만큼 매우 활발하게 전개되었습니다.

거대한 대륙의 역사에 큰 족적을 남긴 그들의 사유는 끊임없는 전쟁 속에서도 희망을 말했습니다. 쉽게 말해 '그 당시 혼란스러운 시대를 도대체 어떻게 멈출 것인가'에 대한 생각으로 수많은 사상들이 쏟아져 나왔고, 그 중에서 유력한 능력을 보였던 사람들이 시공간을 넘어 지금도 21세기를 사는 우리들에게 가르침을 주는 그들입니다.

검소한 행복을 찾아 떠난 노자

큰 도(大道)란 무엇입니까? 노자에 의하면, 그것은 무위자연의 도입니다. 무위자연이란 인위적인 손길이 가해지지 않은 자연을 가리키는데, 자연에 거스르지 않고 순응하는 태도를 가리키기도 합니다. 속세를 벗어나 검소한 행복을 찾아 떠난 노자는 위대한 도가 무너졌기 때문에 인의가 생겨났고, 지혜가 나오고 나서 큰 거짓이 생겨났고, 집안이 불화하기 때문에 효와 자애가 강조되었으며, 나라가 혼란할 때 충신이 필요했다고 이야기합니다. 이처럼 발상을 뒤집은 노자에게서 새로운 가르침을 얻을 수 있습니다.

423 세상을 자신의 몸처럼 사랑하는 사람에게는 제국을 맡길 수 있다.
可以把帝國交給像自己一樣熱愛世界的人。

424 인간은 너무 많은 지식을 갖고 있어서 통치하기 어렵다.
人有太多的知識, 很難統治。

425 적게 가지는 것은 소유다. 많이 가지는 것은 혼란

이다.

少擁有就是擁有。擁有很多東西是混亂的。

426 행복을 탐욕스럽게 좇지 말며,
　　 행복에 대해 두려워하지 마라.

不要貪婪地追求幸福,

不要害怕幸福。

427 과도한 욕망보다 큰 참사는 없다.
　　 불만족보다 큰 죄는 없다.
　　 탐욕보다 큰 재앙은 없다.

沒有比慾望更大的不幸。

沒有比不滿更大的罪了。

沒有比貪婪更大的災難了。

428 발뒤꿈치를 들고 서 있는 사람은 오래 서 있지 못한다.

腳後跟站着的人站不了多久。

429 우울한 사람은 과거에 살고, 불안한 사람은 미래에 살며, 평온한 사람은 현재에 산다.

憂鬱的人活在過去, 不安的人生活在未來, 平靜的人住在現在。

430 그릇은 비어 있어야 무언가를 담을 수 있다.
碗要空着才能裝東西。

규약의 엄격한 적용, 묵자

묵자 사상의 핵심은 겸애에 있습니다. 국가와 국가 사이에 일어나는 전쟁이나 개인과 개인 사이에 벌어지는 싸움은 모두 서로 사랑하지 않는 데 그 원인이 있다는 것이 묵자의 주장입니다. 그래서 이를 바로잡기 위한 근본 대책으로 묵자는 겸애설을 주창했는데, 즉 "하늘이 모든 백성을 구별 없이 평등하게 사랑하는 것같이, 우리도 다른 사람을 차별 없이 사랑하자!"라는 것입니다. 묵자는 그런 차별 없는 세상을 만들기 위해 강한 규범을 강조했습니다.

431 지혜로운 사람은 때와 장소 사람을 가릴 줄 안다.
聰明的人懂得區分時間, 地點和人。

432 나를 비워야 다른 사람을 담을 수 있다.
空出我才能裝別人。

433 근본이 흐려 있으면 그 끝인 흐름은 맑을 수가 없다.
행동의 근본에 신의가 없으면 반드시 망한다.
底子一陰, 底子就淸 行爲無信必亡。

434 의를 행한다는 것은 이것으로 인해 다른 사람에게서 비방을 피하기 위한 것이라든지, 혹은 어떤 명예를 얻기 위해서 하는 것이 아니다.
인간으로서 당연히 해야 하는 일을 하는 것이다.
行義不爲因此受人誹謗, 或爲獲得某種名譽。
做作爲人應該做的事情。

435 모든 것이 쓸모가 있으면 자기의 장점으로 인해 몸을 망치게 된다.
一切有用的東西都會因自己的長處而糟蹋身體。

436 두드리면 소리가 울리고 두드리지 않으면 소리가 울리지 않는다.
군자는 물으면 답할 뿐이고 묻지 않으면 말하지 않

는다.

敲不響不敲不響。

君子問則答, 不問則不言。

맹자가 말하는 인생의 방향

유가의 대표적인 사상가이자 교육가였던 맹자는 인생을 긍정적으로 바라보게 하는 말을 남겼습니다. 고난이 없으면 즐거움도 사라지는 것이 우리의 인생입니다. 큰일을 하려면 큰 사람이 되어야 합니다. 중국이라는 거대한 대륙이 한 나라로 통일되었을 때, 그 혼잡함 속에서 싹튼 지혜는 지금까지도 전해져 내려와 현대인에게도 큰 인상을 남깁니다. 삶이 혼잡하십니까? 마음을 정리해 보세요.

437 근심하면 살며 안락에 죽는다.
憂則生, 安樂死。

438 하늘이 장차 어떤 이에게 큰일을 맡기려 할 때는 반드시 먼저 그의 마음을 괴롭게 하고 뜻을 흔들어 고통스럽게 하고 그 몸을 지치게 하며 육신을 굶주리

게 한다. 또한 생활을 곤궁하게 해서 하는 일마다 뜻대로 되지 않게 한다. 그런 이유는 이로써 그 마음의 참을성을 담금질하여 비로소 하늘의 사명을 능히 감당할 만하도록 역량을 키워 전에는 이룰 수 없던 바를 이룰 수 있도록 하기 위함이니라.

上天將來想讓某人做大事, 必先苦他的心, 動搖他的志, 使他痛苦, 累他的身體, 餓他的肉身。又使生活窘迫, 事事不順心。之所以這樣, 是爲了灌輸內心的忍耐, 培養力量, 使其能勝任天命, 達到從前所不能達到的境界。

439 일이 잘 안 풀려 궁색할 때는 홀로 자기 몸을 닦는 데 힘쓰고,
일이 잘 풀릴 때는 세상에 나가 좋은 일을 하라.

遇事不順, 窮困潦倒時, 要一個人努力地擦身而過 ;
遇事順利時, 要出世做好事。

440 사람이 말을 함부로 하는 것은 책임지지 않기 때문이다.

因爲人說話隨便, 是不負責的。

441 사람으로서 지켜야 할 도가 있나니, 배불리 먹고 따

뜻하게 입고 편안히 산다 할지라도 교육이 없으면 새나 짐승에 가깝다.

做人有道, 吃飽穿暖, 沒有教育就近禽獸。

442 그 사람의 말을 듣고 그 사람 눈동자를 보면 그 사람을 알 수 있다.

사람이 어떻게 해서 자신을 숨길 수 있단 말인가?

聽其言而觀其眼, 則知其人。

人怎麼能隱藏自己呢?

443 길은 가까이에 있다. 그러나 사람들은 헛되이 먼 곳을 찾고 있다.

일은 해 보면 쉽다. 시작하지 않고 미리 어렵게만 생각하고 있기 때문에 할 수 있는 일들을 놓치는 것이다.

路在近處。然而, 人們卻在徒勞地尋找着遠方。

事情做起來容易。因爲沒有開始, 只是覺得很難, 所以錯過了能做的事情。

성선설, 인간의 윤리에 대해

법과 도덕, 윤리는 모두 다른 개념입니다. 중국의 철학에는 성선설, 성악설, 성부성악설이 있습니다. 인간은 날 때부터 선하거나, 악하거나, 선하지도 악하지도 않다는 세 가지 주장입니다. 시작과는 상관없이, 우리는 도덕적인 어른이 되기 위해 정신을 갈고 닦아야 합니다. 길을 잃어 울고 있는 아이를 쉽게 외면하는 마음을 가진 사람은 행복한 인생을 누릴 자격이 없기 때문입니다.

444 사람들이 남의 어려움을 보면 차마 그냥 지나치지 못하는 어진 마음(仁)을 가지고 있다.
사람들은 어린아이가 우물에 빠지려는 것을 보고 모두 깜짝 놀라고 측은한 마음을 가지게 되니 이것은 어린아이의 부모와 친하고자 해서가 아니고,
마을 사람들이나 벗에게 인자하다는 명예를 구해서도 아니고, 잔인하다는 악명을 싫어해서도 아니다.
人們對別人的難處, 不忍心視而不見的善良的心。
人們看到小孩要下井, 都感到驚恐和惻隱之心, 這不是爲了和小孩的父母親近, 也不是因爲求得村民或朋友仁慈的名譽, 也不是因爲討厭殘忍的惡名。

445 나이가 많음을 개의치 말고 지위가 높음을 개의치 말고 형제의 세력을 개의치 말고 벗을 사귀라.

벗은 상대방의 덕을 가리어 사귀는 것이니 여기에 무엇을 게재시켜서는 아니 되느니라.

不要介意年事已高, 不要介意地位高, 不要介意兄弟勢力, 要交朋友。

脫是遮掩對方之德而交, 不可在此刊登甚麼。

446 힘으로 남을 복종시키는 것은 마음으로부터 복종하게 하는 것이 아니라 힘이 부족하기 때문에 복종하게 하는 것이다.

덕으로 남을 복종시키는 것은 마음속에서부터 기뻐서 진실로 복종하는 것이다.

以力服人, 不是從心服人, 而是因力不足而使心服人。

以德服人, 是從心底高興到真誠服從。

447 하늘이 내리는 재앙은 오히려 피할 수 있지만 스스로 만든 재앙은 살아날 수 없다.

上天降下的災禍倒是可以避免的, 但自釀的災禍卻不能生還。

448 한낱 착하기만 해서는 정치를 할 수 없으며, 한낱 법만 가지고는 저절로 행해지지 않는다.
只要善良, 就不能從政, 法律不會自動執行。

449 인간의 우환은 남의 선생이 되는 것을 좋아하는 데 있다.
人的憂患在於好爲人師。

450 사람은 누구나 부끄러운 일이 없을 수 없다.
부끄러움을 모르는 그 부끄러움이야 말로 정말 부끄러운 것이다.
每個人都有羞恥的事。
那不知羞恥的羞恥, 真是言不由衷。

451 군자가 가르치는 방법이 다섯 가지가 있다.
때맞춰 내리는 비처럼 교화시키는 것이 있고, 덕을 이루게 하는 것이 있으며, 재주를 달성케 하는 것이 있다. 물음에 답하는 것이 있고, 혼자 사숙하는 방법이 있다.
君子有五法。有教化如時雨, 有德成才。問有答有答, 有獨處之法。

452 마음을 기르는 데는 욕심을 줄이는 것보다 좋은 것이 없다.

養心最好少貪。

453 자기가 자기를 나쁘다고 단념하는 사람과는 함께 말할 수가 없다. 자기가 자기를 쓸모없다고 버리는 사람과는 함께 일할 수가 없다. 말끝마다 예의를 비방하는 것을 자포(自暴)라고 하고, 나 같은 자는 도저히 인의(仁義)를 행할 자격이 없다고 하는 것을 자기(自棄)라고 한다. 어진 것은 사람이 편안히 살 집이요, 의리는 사람의 바른 길이다. 그런데 저 자포자기하는 사람들은 그 편안한 집을 비워 두고 살지 않으며, 바른 길을 두고도 가지 않으니 슬픈 일이다.

不能和自以爲是的人相提並論。不能和自以爲沒用的人一起工作。每句話都把誹謗禮儀稱爲自暴, 像我這樣的人根本不配行仁義, 這叫自暴。仁者安家, 義者正道 但那些自暴自棄的人, 卻不願空着那間舒服的房子住, 卽使走正道, 也不願走, 眞是件悲哀的事。

공자가 강조한 배움의 중요함

우리는 모두 집에서 기본적인 가르침을 받고, 학교를 통해 사회화를 거쳐 어엿한 어른이 됩니다. 이런 인간의 교육은 매우 중요한 성장 단계입니다. 다른 동물과 다름없는 갓난아기에서 시작되어 건강한 정신을 가지고 사고하는 어른이 되는 것입니다. 제자백가의 철학은 스승과 제자를 거쳐 계승되는 것에 중심을 둡니다. 후대로 전해지며 점점 발전되는 것입니다. 우리는 스승에게서 배운 것을 제자에게 가르칠 의무가 있습니다.

454 물러나서 조용하게 구하면 배울 수 있는 스승은 많다. 사람은 가는 곳마다 보는 것마다 모두 스승으로서 배울 것이 많은 법이다.
安靜地退後, 能學到的老師有很多。人到處都可以看到, 老師有很多値得我學習身份的法律。

455 자식은 서로가 바꾸어서 교육한다. 아비와 자식 사이에서는 직접 교육하기가 어렵기 때문이다. 아비가 자식에 대해 도(道)를 가르쳐서 실행하지 않으면 화를 내게 되고 책망을 하게 된다. 책망하게 되면 부

자간의 정이 소원해지기 때문이다.

子女互相交換教育。因爲在父親和子女之間很難直接進行教育。如果父親對孩子不講道行, 就會發火, 責怪。因爲一旦被指責, 父子之間的感情就會疏遠。

456　잘 자라는 어떤 것이라도 단 하루쯤 따뜻하게 해 주고 열흘쯤 차게 해 주게 되면 결코 생장할 수가 없는 것이다.
즉 좋은 스승이 모처럼의 좋고 참된 가르침을 해도, 주위에 있는 많은 자가 나쁜 것을 가르치게 되면 결국은 나쁘게 되는 것이다.

任何生長良好的事物, 只要能溫暖一天或十天, 就無法生長。

即好師好, 眞教也, 周圍的許多人多教壞, 終歸是壞的。

457　적당한 양분을 얻으면 어떤 생물이라도 생장하지 않는 것은 없다. 즉, 인간의 선한 본성도 가꾸고 기르면 크게 잘 자라는 것이다.

得到適當的養分, 任何生物都沒有不生長的。也就是說, 人類的善良本性, 只要精心栽培, 就能茁壯成長。

458 지성을 다하면 움직이지 않는 것이 없다. 천한 것이 귀한 것을 상하게 해서는 안 되며, 작은 것이 큰 것을 다치게 해서는 안 된다. 작은 것을 키우는 자는 작은 인물이 되며, 큰 것을 키우는 자는 큰 인물이 되리라.

精誠所至, 無所不爲。賤傷不起貴, 小傷不起大。養小者爲小, 養大者爲大。

군자가 되기 위한 노력

우리나라는 본디 유교 국가였습니다. 낡은 관습은 버리되, 옛날 선비들이 추구했던 목표가 무엇이었는지 생각해보면 조상의 가르침을 얻을 수 있습니다. 4대 성인으로 언급될 정도로 큰 변화를 이끌었던 위대한 스승 공자의 말에서도 뜻 깊은 교훈이 있습니다. 과거는 현재와 많은 차이를 갖고 있지만, 인간의 감정과 생애는 크게 변화하지 않았기 때문입니다. 그것은 우리가 옛사람들의 명언에서 울림을 느낄 수 있는 이유이기도 합니다.

459 서두르려 하지 말고 작은 이익에 얽매이지 마라.

서두르면 달성하지 못하고 작은 이익에 집착하면 큰일을 이루지 못한다.

不要急於求成, 不要拘泥於小利。

急則不達, 小則不達。

460 지위가 없음을 걱정하지 말고, 그 지위에 설 자격이 있는지를 걱정하라.

남들이 나를 알아주지 않음을 걱정하지 말고, 스스로 알아줄 만한 사람이 되어라.

不要擔心沒有地位, 要擔心是否有資格站在這個位置上。

不要擔心別人不認得我, 要做一個自己認得的人。

461 현명한 사람을 보면 그와 같이 되려고 생각하고, 현명하지 못한 자를 보면 스스로를 돌아봐야 한다.

見賢思齊, 見不賢思齊。

462 군자는 태연하나 교만하지 않다. 소인은 교만하나 태연하지 못하다.

君子泰然不驕。小人驕矜不仁。

무소유와 참된 삶: 법정스님

法頂, 1932~2010

한국의 승려이자 수필 작가. 대표적인 수필집으로는 〈무소유〉, 〈오두막 편지〉 등이 있습니다. 그는 가장 대중적인 불교 운동을 스스로 실천하면서도 심오한 불교 정신의 깊이를 잃지 않고 삶의 현실과 연관 지어 아름답게 그려낸 산문을 발표하였습니다. 미래가 불투명한 시기를 보내는 현대인의 삶에서 행복을 찾기 위한 방법으로 '무소유'를 주장하고, 스스로도 실천했습니다. 무소유는 소유를 안 한다는 개념이 아니라 인생에서 불필요한 것들을 제거하고, 욕망을 버리는 것에서 시작된다고 했습니다.

불교계뿐만 아니라 기독교 등 다른 종교인들과도 폭넓은 교류를 가졌으며 종교를 불문하고 많은 존경을 받았습니다. 진정한 평화의 메시지는 종교를 초월한다는 말을 남기기도 했으며, 과거의 후회, 현실의 불만, 미래의 두려움을 갖는 우리들에게 의미 있는 메시지를 줄 것입니다.

그가 말하는 무소유

이 세상에 태어나 얻는 모든 것들은 언젠가는 모두 잃을 것들입니다. 그것이 돈이나 집, 자동차와 같은 물건이든 지위나 권력, 명예와 같은 것이든 결국엔 모두 떨어져 나갈 것들입니다. 그런데 이런 것들을 얻고 소유하면서 집착이 생기고 나와 동일시하게 됩니다. 모든 것을 잃어도 정신은 잃지 말아야 합니다. 소유욕을 버리면 비로소 진정한 만족을 찾을 수 있습니다.

463 삶은 소유물이 아니라 순간순간의 있음이다.
영원한 것이 어디 있는가?
모두 한때 일 뿐,
그러나 그 한때를 최선을 다해 최대한으로 살 수 있어야 한다.

464 우리가 무엇인가를 갖는다는 것은 한편 소유를 당하는 것이며, 그만큼 부자유해지는 것이다.
우리가 무엇인가를 가질 때 우리들의 정신은 그만큼 부담스러우며 이웃에게 시기심과 질투와 대립을 불러일으킨다.

465 마음을 맑히기 위해서는 또 작은 것, 적은 것에 만족할 줄 알아야 한다. 살아가는 데 꼭 필요 불가결한 것만 지닐 줄 아는 것이 바로 작은 것에 만족하는 마음이다. 하찮은 것 하나라도 소중히 여기고, 그것을 소유할 수 있음에 감사하노라면 절로 맑은 기쁨이 샘솟는다. 그것이 행복이다.

466 우리는 필요에 의해서 물건을 갖지만, 때로는 그 물건 때문에 마음을 쓰게 된다. 따라서 무엇인가를 갖는다는 것은 다른 한편 무엇인가에 얽매이는 것, 그러므로 많이 갖고 있다는 것은 그만큼 많이 얽혀 있다는 뜻이다.

467 빈 마음, 그것을 무심이라고 한다. 빈 마음이 곧 우리들의 본마음이다. 무엇인가 채워져 있으면 본마음이 아니다. 텅 비우고 있어야 거기 울림이 있다. 울림이 있어야 삶이 신선하고 활기 있는 것이다.

468 무소유란 아무것도 갖지 않는다는 것이 아니라 불필요한 것을 갖지 않는다는 뜻이다. 우리가 선택한 맑은 가난은 부보다 훨씬 값지고 고귀한 것이다.

469 행복의 비결은 우선 자기 자신으로부터 불필요한 것을 제거하는 일에 있다. 사람이 마음 편하게 살기 위해서 무엇이 필요하고 무엇이 필요하지 않은지 크게 나누어 생각할 줄 알아야 한다. 진정한 자기 자신이 되려면 자기를 억제할 수 있어야 한다. 인간을 멍들게 하는 분수 밖의 소유욕에 사로잡히게 되면, 그 소유의 좁은 골방에 갇혀 드넓은 정신세계를 보지 못한다.

470 모든 것을 소유하고자 하는 사람은 어떤 것도 소유하지 않아야 한다. 모든 것이 되고자 하는 사람은 어떤 것도 되지 않아야 한다. 모든 것을 가지려면 어떤 것도 필요도 함 없이 그것을 가져야 한다. 버렸더라도 버렸다는 관념에서조차 벗어나라. 선한 일을 했다고 해서 그 일에 묶여 있지 말라. 바람이 나뭇가지를 스치고 지나가듯 그렇게 지나가라.

471 버리고 비우는 일은 결코 소극적인 삶이 아니라
지혜로운 삶의 선택이다.
버리고 비우지 않고는 새것이 들어설 수 없다.
공간이나 여백은 그저 비어 있는 것이 아니라
그 공간과 여백이 본질과 실상을 떠받쳐주고 있다.

베푸는 삶에서 행복을 찾아라

우리는 모두 어린아이였습니다. 그때부터 우리는 공감하는 법을 배웠습니다. 공감능력은 사회적 동물인 인간의 본성이겠지만, 잘 길러내지 않으면 안으로 숨어버립니다. 그리고 사랑은 받는 것이 아니라 주는 것이라고 합니다. 인간의 본성 때문에 받는 것보다는 주는 것에서 더 기쁨을 느낄 수 있기 때문입니다. 하지만 받기만 해 본 사람은 주는 기쁨을 알지 못합니다. 크고 진정한 기쁨은 남에게 베푸는 것에서 느낄 수 있습니다.

472 다른 사람이 행복하기를 바란다면 자비를 베푸세요. 그리고 스스로 행복해지기를 바랄 때에도 자비를 베푸세요.

473 다른 사람의 경험을 자신의 것과 비교해 볼 줄 아는 능력은 공감력이라는 능력이며, 이러한 능력은 누구에게서나 쉽게 찾아볼 수 있는 것이 아니다. 오직 도전의식과 진취적인 태도를 가진 사람만이 공감이라는 능력을 갖춘다.

474 죽음이 임박했다는 의식은 사람들에게 자기 일을 완성하는 방법을 가르친다. 존재하는 모든 일 가운데서 언제나 완전하게 성취될 수 있는 일은 오직 한 가지다. 현재 사랑하는 것이 그것이다.

475 용서란 타인에게 베푸는 자비심이기보다는 흐트러지려는 나를 내 자신이 거두어들이는 일이 아닐까 싶다.

476 나눔의 삶을 살아야 한다.
꼭 물질적인 것만이 아니고 따뜻한 말을 나눈다든가, 아니면 시간을 함께 나눈다든가, 함께 살고 있는 공동체와의 유대가 절대적으로 필요하다.

477 깨달음에 이르는 데는 오직 두 길이 있다.
하나는 자기 자신을 속속들이 지켜보면서 삶을 거듭거듭 개선하고 심화시켜 가는 명상의 길이고, 다른 하나는 이웃에 대한 사랑의 실천이다.

스스로 깨우쳐야 하는 것

로또에 당첨되거나 고가의 명품을 가져도 그 행복감은 오래 가지 않습니다. 만족감에 적응되고 기억은 잊히기 때문입니다. 큰 행복에만 가치를 둔다면 작은 행복이 희생되고 허무함만 남습니다. 많은 사람이 알면서도 실천하지 못하는 마음가짐입니다. 행복해지는 법을 모르는 사람은 없습니다. 다만 스스로 깨달아야 실천으로 옮길 수 있습니다.

478 한 잔의 향기로운 차를 대할 때 나는 살아가는 고마움과 잔잔한 기쁨을 함께 누린다. 행복의 조건은 결코 거창한 데에 있지 않다. 맑고 향기로운 일상 속에 있음을 한 잔의 차를 통해서도 우리는 얼마든지 느낄 수 있다.

479 이제 내 귀는 대숲을 스쳐오는 바람 소리 속에서, 맑게 흐르는 산골의 시냇물에서, 혹은 숲에서 우짖는 새소리에서 비발디나 바흐의 가락보다 더 그윽한 음악을 들을 수 있다. 빈방에 홀로 앉아 있으면 모든 것이 넉넉하고 충분하다. 텅 비어 있기 때문에 오히려 가득 찼을 때보다 더 충만하다.

480 우리들은 말을 하지 않아서 후회하는 일보다도 말을 해 버렸기 때문에 후회되는 일을 더 많이 겪는다.

481 꽃이나 새는 자기 자신을 남과 비교하지 않는다. 저마다 자기 특성을 마음껏 드러내면서 우주적 조화를 이루고 있다.

482 남과 비교하지 않고 자기 자신의 삶에 충실할 때, 그런 자기 자신과 함께 순수하게 존재할 수 있다.

483 우리 인생에서 참으로 소중한 것은 어떤 사회적인 지위나 신분, 소유물이 아니라 우리들 자신이 누구인지를 아는 일이다.

484 나는 누구인가. 스스로 물으라. 자신의 속얼굴이 드러나 보일 때까지 묻고 묻고 물어야 한다. 건성으로 묻지 말고 목소리 속의 목소리로 귀속의 귀에 대고 간절하게 물어야 한다. 해답은 그 물음 속에 있다.

485 내 소망은 단순하게 사는 일이다. 그리고 평범하게

사는 일이다. 느낌과 의지대로 자연스럽게 살고 싶다. 그 누구도, 내 삶을 대신해서 살아줄 수 없다. 나는 나답게 살고 싶다.

흘러가는 시간을 소중히

내일에 대한 고민만 하면서 오늘 하루를 보낸다면 내일은 결코 나아지지 않습니다. 오늘은 영원히 다시 오지 않고, 오늘로써 끝나는 시한부이기 때문입니다. 어떻게 살아도 끝은 납니다. 중요한 것은 어떤 마음으로 끝을 맞이하게 되느냐입니다. 그 끝은 수많은 '오늘'로 만들어집니다. 누구나 붙잡고 싶은 순간은 있기 마련입니다. 하지만 그 유혹을 뿌리치고, 자연과 조화를 이루며 유유히 흘러가는 시간에 몸을 맡겨야 합니다.

486 내게 주어진 시간이 그리 많지 않다. 그런데 그 시간을 무가치한 것, 헛된 것, 무의미한 것에 쓰는 것은 남아 있는 시간들에 대한 모독이다. 또 얼마 남지 않은 시간을 긍정적이고 아름다운 것을 위해 써야겠다고 순간순간 마음먹게 된다. 이것은 나뿐만 아니

라 모두에게 해당되는 일이다. 우리 모두 언젠가 이 세상에 없을 것이기 때문이다.

487 살아 있는 것은 끝없이 변화하면서 거듭거듭 형성되어간다.

488 봄이 가고 여름과 가을과 겨울이 그와 같이 순환한다. 그것은 살아 있는 우주의 호흡이며 율동이다.

489 지나가는 세월을 아쉬워할게 아니라 오는 세월을 잘 쓸 줄 아는 삶의 지혜를 터득해야 한다.

490 우리 곁에서 꽃이 피어난다는 것은 얼마나 놀라운 생명의 신비인가. 곱고 향기로운 우주가 문을 열고 있는 것이다. 잠잠하던 숲에서 새들이 맑은 목청으로 노래하는 것은 우리들 삶에 물기를 보태주는 가락이다.

491 행복할 때는 행복에 매달리지 말라. 불행할 때는 이를 피하려고 하지 말고 그냥 받아들이라. 그러면서 자신의 삶을 순간순간 지켜보라. 맑은 정신으로 지

켜보라.

492 마음에 따르지 말고 마음의 주인이 되어라.

인연을 바라보는 시선

인연을 대할 때에도 무소유 정신이 필요합니다. 불필요한 관계를 끊어내는 것입니다. 가장 바람직한 것은 인연에 연연하지 않고 모든 이에게 자비를 베푸는 태도입니다. 불필요한 인연을 정리하고, 가벼워진 마음으로 홀로 숲을 거닐다 보면 어느새 행복이 선선한 바람처럼 찾아오기 마련입니다. 인연은 꼭 필요한 관계만 신중히 맺는 것이 현명한 선택입니다. 외로움이 두려우십니까?

493 너무 외로움에 젖어 있어도 문제이지만 때로는 옆구리께를 스쳐가는 외로움 같은 것을 통해 자기정화, 자기 삶을 맑게 할 수가 있다. 따라서 가끔은 시장기 같은 외로움을 느껴야 한다.

494 함부로 인연을 맺지 마라.

진정한 인연과 스쳐가는 인연은
구분해서 인연을 맺어야 한다.
진정한 인연이라면 최선을 다해서 좋은 인연을 맺도록 노력하고
스쳐가는 인연이라면 무심코 지나쳐버려야 한다.

495 그것을 구분하지 못하고 만나는 모든 사람들과
헤프게 인연을 맺어놓으면 쓸 만한 인연을 만나지 못하는 대신에
어설픈 인연만 만나게 되어
그들에 의해 삶이 침해되는 고통을 받아야 한다.

496 인연을 맺음에 너무 헤퍼서는 안 된다.
옷깃을 한번 스친 사람들까지 인연을
맺으려고 하는 것은 불필요한 소모적인 일이다.

497 수많은 사람들과 접촉하고 살아가고 있는 우리지만
인간적인 필요에서 접촉하며
살아가는 사람들은 주위에 몇몇 사람들에 불과하고,
그들만이라도 진실한 인연을 맺어 놓으면
좋은 삶을 마련하는 데는 부족함이 없다.

498 진실은, 진실된 사람에게만 투자해야 한다.
그래야 그것이 좋은 일로 결실을 맺는다.
아무에게나 진실을 투자하는 건 위험한 일이다.
그것은 상대방에게 내가 쥔
화투패를 일방적으로 보여주는 것과 다름없는 어리석음이다.

499 우리는 인연을 맺음으로써 도움을 받기도 하지만
그에 못지않게 피해도 많이 당하는데
대부분의 피해는 진실 없는 사람에게 진실을 쏟아부은 대가로 받는 벌이다.

500 사람은 본질적으로 홀로일 수밖에 없는 존재다. 홀로 사는 사람들은 진흙에 더럽혀지지 않는 연꽃처럼 살려고 한다. 홀로 있다는 것은 물들지 않고 순진무구하고 자유롭고 전체적이고 부서지지 않음이다.

마치며

Until now, philosophers have only interpreted the world in many ways. But what's important is to change the world.

"그동안 철학자들은 여러 가지 방식으로 세계를 해석하기만 했다. 그러나 중요한 것은 실제로 세계를 변화시키는 것이다."

―카를 마르크스 (독일의 철학자. 1818~1883)

지금까지 인생에 대해 깊게 사유한 철학자들의 가르침을 살펴보았습니다. 어떻게 보면 당연하게 느껴지는 교과서적인 말처럼 느껴질 수 있겠습니다. 하지만, 반듯한 말일수록 행동으로 실천하기란 어려운 법입니다. 그래서 끊임없이 반복하며 머릿속에 마음속에 새겨야 하는 것입니다.

우리는 에너지이고, 우리의 생각도 에너지입니다. 그 에너지가 모여 세상을 만듭니다. 좋은 에너지를 발산하면 좋은 일이 생기고, 나쁜 에너지를 발산하면 나쁜 일이 생깁니다.

　세상에 우연은 없습니다. 모든 것은 우리의 생각이 만들어 낸 결과입니다. 비슷한 파장의 사람들이 잘 모이듯, 깊은 통찰력을 지닌 사람과 가까워지려면 본인부터 먼저 삶에 대해 생각해야 합니다. 어려울 것 없습니다. 결국은 우리 모두가 철학자입니다. 자신이 살아가는 세계를 저마다의 방식으로 해석하고, 변화시키는 것입니다. 이 책을 읽으신 여러분들이 좀 더 깊어진 통찰력과 관점으로 세상을 바라볼 수 있기를 바랍니다.

세상의 통찰
철학자들의 명언 500

마키아벨리에서 조조까지 이천년의 지혜, 한 줄의 통찰

1쇄 발행 | 2025년 4월 21일

지은이 | **김태현**
기획편집총괄 | **호혜정**
편집 | **김민아**
기획 | **김수정 김수하**
표지·본문 디자인 | **이선영 김민정**
교정·교열 | **호혜정 김수정**
홍보 마케팅 | **김정빈 김미남**
펴낸곳 | **리텍 콘텐츠**
주소 | **서울시 용산구 원효로 162 세원빌딩 6층**
이메일 | **ritec1@naver.com**
홈페이지 | **http://www.ritec.co.kr**
ISBN | **979-11-86151-77-8 03190**

- 잘못된 책은 서점에서 바꾸어 드립니다.
- 책값은 뒤표지에 있습니다.
- 이 책의 내용을 재사용하려면 사전에 저작권자와 리텍콘텐츠의 동의를 받아야 합니다. 책의 내용을 재편집 또는 강의용 교재로 만들어서 사용할 시 민형사상의 책임을 물을 수 있습니다.

상상력과 참신한 열정이 담긴 원고를 보내주세요. 책으로 만들어 드립니다.
원고투고: ritec1@naver.com